Mit Anne und Philipp bei Leonardo da Vinci

Mary Pope Osborne · Natalie Pope Boyce

Mit Anne und Philipp
bei Leonardo da Vinci

ISBN 978-3-7855-6928-3
1. Auflage 2010
Sonderausgabe. Bereits als Einzelbände unter den Originaltiteln
Monday with a Mad Genius (Copyright Text: © 2007 Mary Pope Osborne)
und *Magic Tree House Research Guide – Leonardo da Vinci*
(Copyright Text: © 2009 Mary Pope Osborne und Natalie Pope Boyce,
Copyright Illustrationen: © 2009 Sal Murdocca) erschienen.
Alle Rechte vorbehalten.
Erschienen in der Original-Serie *Magic Tree House™*.
Magic Tree House™ ist eine Trademark von Mary Pope Osborne,
die der Originalverlag in Lizenz verwendet.
Veröffentlicht mit Genehmigung des Originalverlags,
Random House Children's Books, a division of Random House, Inc.
© für die deutsche Ausgabe 2010 Loewe Verlag GmbH, Bindlach
Als Einzeltitel in der Reihe *Das magische Baumhaus*
sind bereits erschienen: *Der geheime Flug des Leonardo* (1)
und *Forscherhandbuch Leonardo da Vinci* (2).
Aus dem Amerikanischen übersetzt von
Sabine Rahn (1), Ingrid Ickler (2)
Innenillustrationen: Jutta Knipping (1),
Sal Murdocca und Jutta Knipping (2)
Umschlagillustration: Jutta Knipping
Reihenlogo und Vorsatzillustration: Jutta Knipping
Printed in Germany (007)

www.loewe-verlag.de

Inhalt

Der geheime Flug des Leonardo

Forscherhandbuch Leonardo da Vinci

Der geheime Flug
des Leonardo

Für James Quinn Courts

Ich möchte Wunder vollbringen!

Aus einem Notizbuch von
Leonardo da Vinci

Alte Freunde

Philipp goss sich Milch über sein Müsli. Ihm war ganz flau im Magen. Es war Montag und der erste Schultag von einem neuen Schuljahr.

Am ersten Tag war Philipp immer nervös. Ob sie wohl neue Lehrer kennenlernen würden? Ob er einen Platz am Fenster bekommen konnte? Ob einer seiner Freunde wieder neben ihm sitzen durfte?

„Beeil dich, Anne!", rief ihre Mutter nach oben. „Es ist Viertel vor acht. In einer halben Stunde fängt der Unterricht an!"

Ihr Vater kam in die Küche. „Soll ich euch wirklich nicht hinfahren?", fragte er.

„Nein danke", antwortete Philipp. „Wir laufen echt gerne." Die Schule war nur ein paar Straßen entfernt.

„Anne! Beeil dich!", rief ihre Mutter erneut. „Ihr kommt noch zu spät!"

Die Terrassentür flog auf und Anne stürmte in die Küche. Sie war ganz außer Atem.

„Oh, du warst draußen?", fragte ihre Mutter überrascht. „Ich dachte, du bist oben."

„Ich habe nur schnell einen kurzen Spaziergang gemacht", antwortete Anne und schaute ihren Bruder an. Ihre Augen funkelten. „Beeil dich, Philipp, wir müssen jetzt wirklich los!"

„Schon gut, ich komme", sagte Philipp und sprang auf. Er sah Anne an der Nasenspitze an, dass sie nicht wegen der Schule so in Eile war. Wahrscheinlich war das Baumhaus wieder da! Endlich!

Philipp schnappte sich seinen Rucksack
und Anne hielt ihm die Tür auf.

„Kein Frühstück?", fragte ihre Mutter.

„Ich bin jetzt zu nervös, um etwas zu
essen", antwortete Philipp.

„Ich auch", behauptete Anne. „Tschüss,
Mama, tschüss, Papa!"

„Viel Spaß!", wünschte ihre Mutter.

„Lernt schön", sagte ihr Vater.

„Das werden wir ganz sicher",
versprach Anne.

Philipp und Anne machten die Tür
hinter sich zu und liefen rasch durch
den Vorgarten.

„Es ist wieder da", flüsterte Anne.

„Das habe ich mir schon gedacht",
antwortete Philipp.

„Bestimmt will Morgan, dass wir noch
ein weiteres Geheimnis des Glücks
für Merlin finden", meinte Anne.

„Bestimmt!", rief Philipp. „Komm,
wir rennen!"

Die Geschwister rannten den
Bürgersteig entlang, dann über die
Straße und in den Wald von Pepper

Hill. Sie sausten unter den Bäumen entlang, durch Licht und Schatten, bis sie unter der höchsten Eiche des Waldes standen.

Hoch oben war tatsächlich das magische Baumhaus zu sehen. Die Strickleiter schaukelte leicht im kühlen Morgenwind.

„Woher hast du gewusst, dass es da ist?", fragte Philipp ein bisschen aus der Puste.

„Ich bin aufgewacht und habe an Teddy und Kathrein gedacht", erklärte Anne. „Und ich hatte so ein seltsames Gefühl."

„Echt?" Philipp sah nach oben zum Baumhaus. „Teddy! Kathrein!", rief er.

Zwei Köpfe erschienen im Fenster des Baumhauses: ein Jungengesicht, umrahmt von Locken, mit Sommer- sprossen und einem breiten Grinsen, und ein lächelndes Mädchen mit meerblauen Augen und welligem dunklem Haar.

„Philipp! Anne!", rief das Mädchen.

„Kommt hoch!", rief der Junge.

Anne und Philipp kletterten die Strickleiter
hinauf. Im Baumhaus warfen sie sich ihren
Freunden zur Begrüßung in die Arme.

„Sollen wir noch ein Geheimnis des
Glücks suchen, um Merlin zu helfen?",
fragte Anne.

„Genau!", antwortete Teddy. „Und
diesmal geht es fünfhundert Jahre zurück
in die Vergangenheit nach Florenz in
Italien."

„Florenz? Italien?", wiederholte
Philipp. „Und was ist dort?"

„Eine ganz erstaunliche Person, die
euch helfen wird", erklärte Kathrein.

„Wieso erstaunlich?", wollte Anne
wissen. „Hat diese Person etwa
magische Kräfte?"

Teddy grinste. „Manche Leute würden das durchaus behaupten", meinte er und zog ein Buch aus seinem Umhang. Auf dem Umschlag war das Bild eines Mannes zu sehen, der einen violetten Umhang und eine weiche blaue Mütze trug. Seine Nase war ziemlich lang. Er hatte freundliche Augen, buschige Augenbrauen und einen langen Bart. Über dem Bild stand: *Leonardo da Vinci.*

„Leonardo da Vinci!", rief Philipp. „Macht ihr Witze?"

„Ich habe schon von ihm gehört", sagte Anne.

„Wer nicht!", rief Philipp. „Er war ein echtes Genie!"

„Dieses Buch über Leonardo wird
euch bei eurer Aufgabe helfen", erklärte
Teddy.
„Und dieses Gedicht von Morgan auch."
Kathrein holte ein kleines Stück Pergament
aus ihrem Umhang und gab es Anne.
Anne las das Gedicht laut vor:

Für Philipp und Anne aus Pepper Hill

Du magst die Frage einfach finden,
doch die Antwort ist rasch falsch gesagt.
Willst Du die richtige ergründen,
dem Meister hilf den ganzen Tag.
Von morgens, bis die Sonne sinkt
und der Vogel sein Abendlied anstimmt.

„Also, um dieses Geheimnis des Glücks
herauszufinden, müssen wir einen ganzen
Tag mit Leonardo da Vinci verbringen und
ihm helfen", fasste Philipp zusammen.
„Genau", bestätigte Kathrein und
Teddy nickte.
„Wie schön wäre es, wenn ihr
mitkommen würdet", sagte Anne.

„Um *uns* zu helfen", ergänzte
Philipp.

„Keine Sorge", beruhigte Kathrein
ihn. „Ihr habt ja die Hilfe eines großen
Genies und den Dianthus-Zauberstab."

„Oh!" Anne sah Philipp an. „Hast du
den Zauberstab mitgenommen?"

„Natürlich", antwortete Philipp.
„Den habe ich immer dabei – zur
Sicherheit." Er zog den schimmernden
silbernen Stab aus seinem Rucksack.

„Der Dianthus-Zauberstab", flüsterte
Teddy ehrfürchtig.

Der Zauberstab sah aus wie das
Horn eines Einhorns. Er brannte in
Philipps Hand – ob vor Kälte oder Wärme
konnte Philipp nicht sagen. Vorsichtig
steckte er den Zauberstab zurück in
den Rucksack.

„Ihr erinnert euch doch noch an die
drei Regeln für den Zauberstab, oder?",
fragte Kathrein.

„Natürlich", antwortete Anne.
„Man darf ihn nur benutzen, um Gutes
für andere zu tun. Der Zauberstab

funktioniert nur, wenn man vorher
wirklich alles andere versucht hat.
Und er zaubert nur mit einem Zauberspruch, der aus genau fünf Worten
besteht."

„Ausgezeichnet!", lobte Kathrein.

„Danke", sagte Anne. „Fertig?", fragte
sie ihren Bruder.

Philipp nickte. „Tschüss, Teddy!
Tschüss, Kathrein!"

„Auf Wiedersehen", sagte Teddy.

„Und viel Glück!", wünschte Kathrein.

Philipp deutete auf den Buchumschlag.

„Ich wünschte, wir wären bei Leonardo
da Vinci", sagte er.

Aus der Ferne hörten sie die Schul-
glocke. In zehn Minuten begann der
Unterricht. Doch hier im Wald von
Pepper Hill kam schon Wind auf.

Das Baumhaus fing an, sich zu drehen.

Es drehte sich schneller und immer
schneller.

Dann war alles wieder still.

Totenstill.

Auf der Suche nach Leonardo

In der Ferne läutete eine Glocke. Durch das Fenster des Baumhauses schien helles Morgenlicht herein und Teddy und Kathrein waren verschwunden.

Philipp betrachtete seine Kleider: Er hatte eine knielange Tunika an und dazu enge dunkle Hosen. Anne trug ein langes Kleid mit Puffärmeln. Philipps Rucksack hatte sich in eine Stofftasche verwandelt.

Die Geschwister schauten aus dem Fenster. Das magische Baumhaus war in einem hohen Baum gelandet. Der Baum stand in einem Garten, der von Hecken umgeben war. Hinter den Hecken konnte man ein Meer aus rot gedeckten Dächern erkennen. Eine riesige Kuppel und ein steinerner Turm erhoben sich aus dem Dächermeer.

„Willkommen in Florenz", sagte Anne.

Philipp schlug das Leonardo-Buch auf und las laut vor:

In den ersten Jahren des 16. Jahrhunderts gab es sehr viele Künstler und Handwerker in Florenz: Seidenweber, Töpfer und Marmor-Steinmetze lebten hier. Die Künstler fertigten Skulpturen, Gemälde und Wandteppiche an.

„Cool!", unterbrach Anne ihn. „Ich finde Kunst super!"
Philipp las weiter:

Aber der bewundernswerteste Künstler dieser Zeit machte alles auf einmal: Leonardo da Vinci war nicht nur ein großartiger Maler, sondern auch ein Erfinder, ein Architekt, ein Reiter, Koch, Geologe, Botaniker – und er entwarf sogar Bühnenbilder und Theaterkostüme.

„Was machen denn ein Geologe und ein Botaniker?", fragte Anne.
„Das sind beides Wissenschaftler", erklärte Philipp. „Ein Geologe erforscht Gesteine und ein Botaniker Pflanzen."
Er blätterte weiter.
„Komm, lass uns gehen", drängte Anne. „Bestimmt hat das Baumhaus uns

direkt zu Leonardo gebracht. Wir müssen ihn finden, ehe er womöglich weggeht."

„Na gut", gab Philipp nach.

Anne stieg sofort die Strickleiter hinab. Philipp packte erst das Buch wieder ein und kletterte dann ebenfalls nach unten.

Die Geschwister verließen den Garten und kamen auf eine belebte Straße, die an einem Fluss entlangführte. Anne und Philipp musterten alle Menschen, die an ihnen vorübergingen: Frauen in langen Seidenkleidern, berittene Soldaten mit blauen Umhängen und Priester, die in ihren schwarzen Kutten auf Eseln ritten.

„Ich sehe hier niemanden, der aussieht wie der Mann auf dem Umschlag unseres Buchs", stellte Philipp fest.

„Lass uns jemanden fragen", schlug Anne vor und schlenderte zu einem Mädchen hinüber, das am Straßenrand Blumen verkaufte. „Entschuldige, kennst du einen Mann namens Leonardo da Vinci?"

„Natürlich! Jeder kennt Leonardo", antwortete das Mädchen. „Gerade eben war er hier und hat mir Blumen abgekauft. Er sagte, er will sie später zeichnen." Ihre Augen leuchteten vor Begeisterung.

„Wo ist er hingegangen?", fragte Philipp.

„In Richtung Alte Brücke", gab das Mädchen Auskunft. Sie deutete auf eine mit kleinen Häusern bebaute Brücke am Ende der Straße.

„Danke", sagte Anne.

Philipp und Anne gingen zügig am Flussufer entlang auf die Brücke zu. „Du hattest recht", sagte Philipp. „Das Baumhaus hat uns direkt zu Leonardo gebracht. Aber während wir uns noch unterhalten haben, ist er schon weitergegangen."

„Keine Sorge", beruhigte Anne ihren
Bruder. „Wir holen ihn bestimmt wieder
ein."

Die bebaute und überdachte Brücke
bestand aus drei großen steinernen
Brückenbogen. Sie sah aus wie ein lang
gestrecktes Haus, das sich über den
Fluss spannte.

Während die Geschwister die
Brücke überquerten, fiel es ihnen
schwer, nach Leonardo Ausschau zu
halten. Das Licht war dämmrig und
überall drängten sich Menschen.

Philipp und Anne zwängten sich
durch die Menge, bis sie die andere

26

Seite der Brücke erreichten. Hier war
das Sonnenlicht auf einmal so grell,
dass Philipp die Augen mit den Händen
beschatten musste. „Ich sehe ihn
immer noch nicht", sagte er.

„Wir können ja noch einmal fragen",
meinte Anne. „Das Mädchen hat
doch gesagt, dass jeder Leonardo kennt."

Sie lief zu einem Geschäft am Ufer.
Dort hängten Weber gerade farbenfrohe
Tücher auf die Leine, und die roten und
violetten Seidenstoffe flatterten im Wind.

„Entschuldigen Sie!", rief Anne,
„haben Sie zufällig Leonardo da Vinci
gesehen?"

Eine zahnlose Frau lächelte sie an.
„Oh ja! Leonardo ist erst vor einem
Augenblick hier vorübergegangen",
antwortete sie. „Ich glaube, er ist auf
dem Weg zum Bäcker." Sie deutete
auf eine schmale Straße. „Dort geht
er jeden Morgen hin."

„Danke sehr!", rief Anne.

Die Geschwister rannten zur Bäckerei,
wo es wunderbar nach frischem Brot roch.

„Entschuldigen Sie bitte", sagte Philipp.
„War Leonardo da Vinci eben hier?"

„Ja, er hat einen Laib Brot gekauft
wie jeden Tag", antwortete der Bäcker.
„Anschließend geht er immer in den
Käseladen." Er zeigte auf die andere
Straßenseite.

„Danke!", rief Philipp.

Anne und er überquerten die belebte
Straße und betraten den Käseladen.

„Ist Leonardo da Vinci hier?", fragte Anne.

„Er ist gerade weggegangen",
erwiderte der Käsehändler. „Er wollte
zum Schmied."

„Oh Mann!", seufzte Philipp.

„Danke sehr!", rief Anne, dann liefen sie weiter.

„Ich kann es kaum erwarten, ihn zu treffen", gestand Anne.

„Ich auch nicht", sagte Philipp.

„Falls wir ihn je einholen!"

Aus einem der Läden drang lautes Hämmern auf die Straße. Philipp und Anne warfen einen Blick hinein und sahen einen Schmied, der mit einem riesigen Hammer auf ein Hufeisen schlug. In der Esse brannte ein Feuer.

„Entschuldigen Sie bitte!", schrie Philipp.

Der kräftige Mann hörte auf zu hämmern.

„War Leonardo da Vinci eben bei Ihnen?", fragte Philipp.

„Ja, er hat endlich seine Eisenkübel bezahlt", antwortete der Schmied verdrießlich.

„Wissen Sie, wo er anschließend hinwollte?", fragte Philipp.

„Zum Markt. Er war in Eile, wie immer", grummelte der Schmied und deutete mit dem Kopf in Richtung Straße. Dann hämmerte er weiter.

Philipp und Anne rannten wieder los. Sie bogen um eine Ecke und kamen an den Rand eines großen Platzes. Die Sonne schien auf Hunderte von Zelten und Buden. Es roch nach Fisch, Zimt und anderen Gewürzen.

„Oh Mann!", staunte Philipp. „Dieser Markt ist ja riesig!"

Auf dem Markt drängten sich Leute, die ihre Einkäufe erledigten. Es war sehr schwierig, über die Köpfe all der Erwachsenen hinwegzublicken. „Hier können wir den ganzen Tag nach Leonardo suchen." Philipp seufzte.

„Aber das bringt ja nichts", wandte
Anne ein, „schließlich sollen wir ihm
helfen und nicht nach ihm suchen. In
dem Gedicht hieß es doch ... *dem
Meister hilf den ganzen Tag. Von
morgens, bis die Sonne sinkt und der
Vogel sein Abendlied anstimmt.*"
„Was auch immer wir dann tun sollen",
sagte Philipp.

„Hey, vielleicht sollten wir jetzt unseren
Zauberstab benutzen", schlug Anne
vor. „Die Situation passt genau zu den
Regeln: Wenn wir Leonardo finden, ist
das nicht zu unserem Vorteil, sondern
zu Merlins. Und ich glaube, wir haben
jetzt wirklich schon alles versucht."

„Na gut, probieren wir es", meinte
Philipp. Er holte den Dianthus-Zauber-
stab aus seiner Tasche und reichte ihn
Anne. „Fünf Worte", erinnerte er sie.

„Weiß ich doch", erwiderte Anne
und hielt den Zauberstab hoch. Dann
zählte sie die Worte an den Fingern
ab: „Hilf – uns – Leonardo – zu –
finden!"

Mit angehaltenem Atem warteten die Geschwister. Aber nichts geschah. Alles um sie herum sah genauso aus wie zuvor.

„Es klappt nicht", stellte Philipp fest. „Was haben wir nur falsch gemacht?"

„Weiß ich auch nicht", sagte Anne. „Ich habe fünf Worte benutzt, der Wunsch ist zweifellos zum Wohle anderer … vielleicht haben wir doch noch nicht alles andere probiert?"

Philipp seufzte. „Na gut, dann versuchen wir es weiter." Er steckte den Zauberstab wieder in seine Tasche.

„Oh, sieh nur dort drüben, die Vögel!", rief Anne und zog Philipp zu einem Stand mit Singvögeln in kleinen Käfigen. Nur ein einziger Vogel sang: Er hatte braunes Gefieder und einen rötlichen Schwanz. Er sah ziemlich unscheinbar aus, aber er pfiff und trillerte ganz wundervoll.

„Na du", sagte Anne zu ihm.

Der Vogel legte den Kopf schief und schaute Anne direkt an. Er zwitscherte leise.

„Komm weiter, Anne. Wir haben keine

Zeit, hier herumzutrödeln", drängte Philipp.
„Wir müssen Leonardo finden."

„Aber hast du denn nicht seinem Lied
zugehört?", fragte Anne. „Er möchte
davonfliegen. Er will frei sein!"

Philipp schaute sich nach dem
Vogelverkäufer um. Er stand in der
Nähe und unterhielt sich mit einem
Kunden. „Das geht nicht, Anne. Wir
haben kein Geld, um ihn zu bezahlen",
sagte Philipp.

„Aber er will, dass ich ihm helfe",
beharrte Anne. „Das weiß ich einfach!"
Sie griff nach der Käfigtür.

„Nicht, Anne!", rief Philipp.

Aber Anne öffnete die Käfigtür und
der Vogel hüpfte heraus.

„Oh nein!", rief Philipp. Er wollte sich auf den Vogel stürzen, aber er war nicht schnell genug. Der Vogel flog schon hoch oben am blauen Himmel.

„Juhu!", jubelte Anne.

„He!", rief der Vogelhändler und kam auf sie zu. „Versucht ihr etwa, meinen Vogel zu stehlen?"

„Wir wollen ihn nicht stehlen, sondern nur befreien", stellte Anne richtig.

Der Vogelhändler packte Philipp am Arm. „Den werdet ihr mir bezahlen!", schrie er.

„Aber … wir …", stammelte Philipp.

„Lass den Jungen los, Marco!", rief ein Mann.

Philipp drehte sich um und sah einen hochgewachsenen Mann in einem violetten Umhang und mit einem weichen Hut auf dem Kopf. Er sah ganz genauso aus wie der Mann auf dem Umschlag ihres Buchs.

„Leonardo", flüsterte Anne.

„Dann hat der Zauberspruch doch funktioniert!"

Zehn verschiedene Nasenformen

„Marco, lass den Jungen los", wiederholte Leonardo.

„Ich habe ihn aber gerade erwischt, als er versucht hat, mir einen Vogel zu stehlen", schimpfte der Vogelhändler.

„Stimmt nicht, Marco. Das Mädchen sagt, sie haben ihn befreit", widersprach Leonardo. „Und ich glaube ihr."

„Dann sollen sie mir den Vogel bezahlen", verlangte der Mann.

„Wir haben kein Geld", flüsterte Anne.

„Ich werde das erledigen", sagte Leonardo und stellte seinen Korb ab. Darin lagen Blumen, Käse und ein Laib Brot. Er zog eine goldene Münze aus der Tasche. Der Vogelhändler ließ Philipp los und nahm das Geld.

„Weißt du, Marco, als ich klein war und noch in der Wiege lag, kam ein Vogel und berührte mich mit seinen Schwanz-

federn", erzählte Leonardo. „Und
seitdem habe ich mir immer gewünscht –"
„Ich weiß, Leonardo, ich weiß",
unterbrach Marco ihn. „Seitdem hast
du dir gewünscht, selbst ein Vogel zu
sein. Das hast du mir schon so oft
erzählt." Der Vogelhändler drehte sich
um und kümmerte sich um einen
neuen Kunden.

Leonardo wandte sich an Philipp
und Anne. „Ja", bestätigte er, „seitdem
wünsche ich mir, selbst ein Vogel zu
sein. Deshalb kaufe ich auch oft Vögel
bei Marco und lasse sie dann frei. Ihr
seht also, meine Freunde, ihr und ich,
wir sind verwandte Seelen."

„Ja, das sind wir!" Anne lächelte.

„Danke, dass Sie uns geholfen
haben", sagte Philipp und lächelte
Leonardo ebenfalls an. Er hoffte, dass
der große Meister Anne und ihn mochte,
damit sie einen Tag bei ihm verbringen
durften. „Ich heiße Philipp. Das ist meine
Schwester Anne. Eigentlich war es Anne,
die den Vogel …"

Aber Leonardo hörte gar nicht zu, sondern sprach einfach weiter: „Eigentlich liebe ich alle Lebewesen. Jeden Vogel, jedes Tier, das man bisher entdeckt hat – und auch die, die man noch nicht entdeckt hat." Er lachte.

„Ich auch", sagte Anne.

„Ich auch", schloss Philipp sich an.

Leonardo hob einige Vogelfedern auf. „Ah, wie wunderschön." Er seufzte und hielt sie gegen die Sonne. „Die werde ich nachher zeichnen." Er steckte die Federn zu dem Brot, dem Käse und den Blumen in seinen Korb. „So, jetzt muss ich aber weiter, meine Freunde", sagte er. „Euch einen schönen Tag!" Leonardo entfernte sich mit raschen Schritten vom Vogelstand.

„Oh nein", dachte Philipp.

Doch ehe ihm einfiel, was er sagen könnte, rief Anne: „Meister da Vinci! Leonardo!"

Leonardo schaute sich nach ihr um. „Ja?"

„Sie … äh … brauchen Sie heute
vielleicht Hilfe bei irgendetwas?", fragte
Anne. „Philipp und ich würden Ihnen
wirklich gerne helfen … den ganzen
Tag … wenn das geht?"
Philipp war Annes Frage peinlich.
Er war sich ganz sicher, dass Leonardo
Nein sagen würde. Doch zu seiner
Überraschung musterte der Mann sie
eindringlich und rieb sich das Kinn.
„Na ja … ich habe heute tatsächlich
eine große Sache zu erledigen",
antwortete er und lächelte. Dann
nickte er. „Ja, vielleicht könntet ihr
meine Lehrlinge werden – aber nur
für heute!"
„Super!", rief Anne.

„Was macht ein Lehrling eigentlich?",
fragte Philipp.
„Lehrlinge helfen ihrem Meister,
wobei der Meister ein Künstler oder
ein Handwerker sein kann", erklärte
Leonardo. „Die Lehrlinge arbeiten hart
und lernen viel, in der Hoffnung, dass
sie selbst eines Tages Meister werden."
„Cool!", fand Philipp.
„Dann kommt mit", sagte Leonardo
und ging weiter. Philipp und Anne liefen
neben ihm her. Sie ließen den belebten
Markt hinter sich und bogen in eine mit
Kopfstein gepflasterte Straße ein.
„Wohnt ihr beide in Florenz?", fragte
Leonardo.
„Nein, wir wohnen in … äh … weiter
weg", antwortete Philipp.
„Wir haben hier eine Aufgabe zu
erfüllen", ergänzte Anne. „Wir sind auf
der Suche nach dem Glück."
Leonardo lächelte. „Oh! Das Geheimnis
des Glücks habe ich für mich schon vor
einer ganzen Weile entdeckt."
„Wirklich?", fragte Philipp.

„Ja", bestätigte Leonardo. „Es ist etwas, das ich unbedingt finden wollte – und jetzt habe ich es. Es ist eigentlich gar nicht so geheimnisvoll."

„Was ist es?", wollte Philipp wissen.

„Das Geheimnis des Glücks ist Ruhm", verriet Leonardo.

„Echt? Ruhm?", fragte Anne nach.

„Genau!", bekräftigte Leonardo. „Wenn ich in die Augen eines mir völlig fremden Menschen schaue und darin Ehrfurcht und Bewunderung erkenne, dann macht mich das richtig glücklich."

Anne sah Philipp an und sagte: „Ruhm! Da haben wir unsere Antwort!"

„Ich bin mir nicht so sicher, ob sie das wirklich schon ist", meinte Philipp leise. „Denk dran, wie es in dem Gedicht hieß: *Du magst die Frage einfach finden, doch die Antwort ist rasch falsch gesagt ...*"

„Ach, stimmt! Und in dem Gedicht steht auch, dass wir den ganzen Tag bei Leonardo bleiben müssen, damit wir die richtige Antwort finden", erinnerte Anne sich.

„*Genau*", bestätigte Philipp. Diesen Teil ihrer Aufgabe fand er nicht weiter schlimm. Einen ganzen Tag bei einem der größten Genies zu verbringen, die es je gab, fand er grandios.

Philipp und Anne folgten Leonardo zu einem Platz, auf dem eine riesige Kathedrale stand. Zu diesem Gebäude gehörte die Kuppel, die sie vom Baumhaus aus schon gesehen hatten.

„Wie hat irgendjemand so etwas Riesiges bauen können?", dachte Philipp. Unzählige Menschen wuselten über den Platz. Leonardo blieb plötzlich stehen und starrte in die Menge. „Oh! Oh!", stieß er aus.

„Was ist?", fragte Anne.

„Ich habe einen Engel entdeckt", flüsterte Leonardo.

„Einen Engel?", wiederholte Philipp und schaute sich um. Er konnte keinen Engel sehen.

„Dort drüben!" Leonardo deutete auf ein kleines dunkelhaariges Mädchen.

Philipp fand, dass das Mädchen kein

bisschen wie ein Engel aussah. Es sah aus wie ein ganz gewöhnliches Kind.

Leonardo stellte seinen Korb ab, band ein kleines Büchlein von seinem Gürtel, zog einen Kohlestift hervor und begann zu zeichnen. „Ich habe schon eine ganze Weile nach einem Engel für eines meiner Gemälde gesucht", murmelte er, während er das Mädchen zeichnete. „Ich glaube, jetzt habe ich ihn gefunden."

Einen Augenblick später war Leonardo fertig. „Hier!" Er zeigte Anne und Philipp seine Zeichnung. Mit wenigen schnellen Strichen hatte er einen Engel geschaffen. Das Mädchen war gut getroffen, irgendwie sah es auf dem Papier jetzt wirklich aus wie ein richtiger Engel.

„Das ist der hübscheste Engel, den ich je gesehen habe", lobte Anne.

„Hm, ich weiß nicht …" Leonardo zögerte. „Die Nase stimmt irgendwie noch nicht. Ich fürchte, ich muss weiter-suchen." Er riss die Seite aus seinem Skizzenbuch heraus. „Möchtet ihr beide das vielleicht haben?"

„Oh ja, gerne!", rief Anne. „Vielen
Dank!"

„Ich kann sie tragen", bot Philipp an.
Er nahm die Zeichnung und schob sie
vorsichtig zwischen die Seiten des
Leonardo-Buchs in seiner Tasche.

Leonardo steckte seine Zeichensachen
wieder ein, hob den Korb auf und sagte:
„Kommt weiter!"

Halb gehend, halb rennend versuchten
Philipp und Anne, mit den ausgreifenden
Schritten Leonardos mitzuhalten.

„Während ich durch die Straßen gehe,
sammle ich immer Informationen", erklärte
Leonardo. „Ich beobachte alles so genau
wie ein Wissenschaftler. Nach jahrelangen

Beobachtungen habe ich beispielsweise herausgefunden, dass es zehn unterschiedliche Nasenformen gibt."

„Wirklich?" Anne betastete ihre Nase.

„Wirklich!", bestätigte Leonardo. „Es gibt gerade, runde, spitze, flache, schmale … Das gilt natürlich nur für die Seitenansicht. Wenn man den Menschen von vorn ins Gesicht schaut, kann man elf Nasenformen unterscheiden."

„Erstaunlich!", bemerkte Philipp.

Philipp betrachtete die Nasen der Leute, die an ihnen vorübergingen. Er sah viele flache Nasen, einige runde und etliche gerade … aber die meisten waren schwer zu beschreiben.

„Durch meine Beobachtungen bin ich zu dem Schluss gelangt, dass es sehr viel mehr verschiedene Mundformen gibt als unterschiedliche Nasen", erläuterte Leonardo weiter. „Doch befindet sich der Mund fast immer an der gleichen Stelle: nämlich genau in der Mitte zwischen dem Ende der Nase und der Kinnspitze."

„Wirklich?" Mit zwei Fingern maß Anne den Abstand zwischen Nase, Mund und Kinn. „Sie haben recht, Leonardo", sagte sie schließlich.

„Ich beobachte Haltung, Gesichtsausdruck und Gesten der Menschen", erzählte der große Meister. „Ich betrachte ihre Hände, ihre Augen, ihr Haar. Aber um ein wahrhaft großer Künstler zu werden, muss man lernen, seine Beobachtungen mit seiner Fantasie zu verbinden."

Er hielt plötzlich inne. „Schaut nach oben, schaut nach oben!"

Philipp und Anne blieben stehen und sahen hoch.

„Seht ihr die Wolken?", fragte Leonardo.

Einige bauschige Wolken segelten über den Himmel.

„Wie sehen sie aus?", fragte Leonardo. „An was erinnern sie euch?"

„An große weiße Kleckse", dachte Philipp.

„Die größte sieht irgendwie aus wie ein Schloss", fand Anne.

„Gut, gut!", lobte Leonardo. „Und die kleine dort sieht aus wie ein Hundekopf", fuhr Anne fort. „Wie von einem Terrierwelpen."

„Ein Terrierwelpe?", dachte Philipp und kniff die Augen zusammen, in der Hoffnung, den Hundekopf dann besser erkennen zu können.

„Ausgezeichnet!", rief Leonardo. „Und du, Philipp? Was siehst du in dieser dort?" Er deutete auf eine längliche Wolke.

Philipp betrachtete sie genau. „Äh … na ja, die sieht ein bisschen aus wie ein Boot", antwortete er dann.

„Wunderbar", sagte Leonardo. „Versteht ihr, die Ideen für meine Bilder begegnen mir überall. Ich sehe zum Beispiel einen

Wasserfleck an der Wand und erkenne
darin das Gesicht einer Frau. Ich schaue
auf einen Soßenfleck auf meinem
Tischtuch und sehe darin ein Pferd. Ich
betrachte eine Pfütze und ein paar Steine
und denke an Meere und Gebirge."

„Oh, so etwas tue ich auch oft!",
rief Anne.

„Ich stelle mir vor, dass das erste
Bild, das je gezeichnet wurde, vielleicht
einfach eine Linie um den Schatten eines
Menschen an einer Höhlenwand gewesen
ist", fuhr Leonardo fort.

„Irre", flüsterte Anne.

„Echt cool", sagte Philipp. Ihm gefiel es,
wie Leonardo dachte.

„Und jetzt hört euch die Kirchenglocken an", forderte Leonardo sie auf.

Philipp lauschte. Die Glocken schlugen abwechselnd hohe und tiefe Töne: *„Bong-bing-bong-bing! Bong-bing-bong-bing!"*

„Ich höre den Kirchenglocken zu, als ob sie mir etwas vorsingen würden", erklärte Leonardo. „Könnt ihr auch verstehen, was sie sagen?"

„Na ja … äh … nein", dachte Philipp. Er hörte nur *Bongs* und *Bings*!

„Sie sagen: Du hast sehr viel zu tun an diesem Montag, Leonardo da Vinci. Mach dich an die Arbeit!" Leonardo lachte. „Lasst uns weitergehen, meine Freunde." Der große Meister ging los und so liefen sie rasch durch die Straßen von Florenz.

Das Fresko

Philipp und Anne mussten sich beeilen,
um mit Leonardo Schritt halten zu können.

„Wohin gehen wir?", fragte Anne.

„Zum Palazzo des Großen Rats",
antwortete Leonardo. „Ich habe den
Auftrag, ein Fresko in das Ratszimmer
zu malen. Ich arbeite schon monatelang
daran."

„Was ist ein Fresko?", wollte Philipp
wissen.

„Das ist ein Gemälde, das direkt auf
eine Wand gemalt wird", erklärte Leonardo.
„Man macht zuerst einen Gipsverputz an
die Mauer und muss dann sehr rasch
malen, ehe er trocknet."

„Klingt, als ob es Spaß machen würde",
meinte Anne.

„Mir nicht!" Leonardo schüttelte den
Kopf. „Meiner Ansicht nach muss man
lange überlegen, um große Kunst zu
schaffen. Ich male am liebsten ganz
langsam und ändere zwischendurch

immer wieder etwas. Deshalb habe ich für dieses Fresko eine besondere Ölfarbe erfunden, die sehr langsam trocknet."

„Und funktioniert es?", fragte Philipp.

„Viel zu gut", sagte Leonardo. „Jetzt habe ich ein neues Problem: Weder der Gipsputz noch die Ölfarbe ist getrocknet."

„Oh nein!", stöhnte Anne.

„Aber heute kommt alles in Ordnung", meinte Leonardo gut gelaunt. „Ich habe nämlich einen Plan, wie ich das Trocknen beschleunigen kann. Heute Morgen werde ich das alles zu Ende bringen."

Leonardo führte Philipp und Anne auf einen Platz, an dem ein großes Gebäude stand. „Wir sind da. Das ist der Palazzo des Großen Rats", sagte er.

Der Palazzo glich einer Festung mit groben Steinwänden und einem großen Turm, der hoch in den Himmel ragte.

„Dieser Palazzo ist ein sehr wichtiges Gebäude", erklärte Leonardo. „Hier trifft sich der Regierungsrat von Florenz. Kommt mit." Er öffnete eine der prachtvollen Türen und führte Philipp und Anne

in einen Innenhof mit einem Spring-
brunnen. „Hier entlang geht es zum
Ratssaal und zum neuesten Werk
von Leonardo da Vinci."

Der Meister sprang einige Stufen
empor und lief einen Korridor entlang.
Philipp und Anne rannten hinter ihm
her, bis er eine weitere prunkvolle Tür
aufstieß, eintrat und dann stehen blieb.
Leonardo stellte seinen Korb ab,
breitete die Arme aus und rief:
„Mein Fresko!"

„Wahnsinn", flüsterte Philipp.

Sie befanden sich in einem ungeheuer
großen Saal mit hohen Bogenfenstern
und weißen Wänden. Auf einem
Holzgerüst auf der anderen Seite des
Raums standen einige junge Männer.
An der Wand über ihnen war Leonardos
riesiges Gemälde zu sehen: Männer
auf Pferden kämpften um eine Fahne.

Grimmig hieben die Männer mit ihren
Schwertern aufeinander ein, ihre
Gesichter waren wutverzerrt. Selbst
die Pferde sahen wild und zornig aus.

„Die Stadt bezahlt mich dafür, dass ich hier eine Szene aus einer Schlacht male, die einst bei der Verteidigung von Florenz ausgetragen wurde", erklärte Leonardo. „Sie wollten eigentlich, dass ich diese Schlacht als Ruhmestat darstelle. Aber ich bin überzeugt, dass Krieg immer ein bestialischer Wahnsinn ist. Ich hoffe, das sieht man auf meinem Bild."

„Oh ja, das sieht man", bestätigte Anne.

Philipp nickte. Dieses Gemälde machte ihm richtig Angst.

„Zorro!", rief Leonardo.

Einer der jungen Männer auf dem Gerüst kletterte eine Leiter herunter und sprang zu Boden. Er war stämmig, hatte ein rotes Gesicht und lockiges schwarzes Haar.

„Und, ist es heute Morgen besser?", fragte Leonardo.

„Nein", antwortete Zorro. „Die Farbe ist immer noch ziemlich feucht."

„Dann führen wir unseren Plan jetzt aus", beschloss Leonardo. „Sind die Kübel vom Schmied schon da?"

„Ja, dort drüben stehen sie." Zorro

deutete auf zwei große Eisenkübel unter dem Gerüst.

„Und hast du Holz besorgt?", wollte Leonardo wissen.

„Ja." Zorro zeigte auf einen Holzstapel an der Wand.

Leonardo ging zum Gerüst hinüber und die Geschwister folgten ihm.

„Worin besteht Ihr Plan, Leonardo?", fragte Anne.

„Meine Lehrlinge und ich werden Holz in die Kübel legen und sie auf das Gerüst stellen", erläuterte Leonardo. „Dann werden wir Feuer darin anzünden. Durch die Hitze des Feuers werden Gips und Farbe schnell trocknen."

„Was können wir tun, um zu helfen?",
fragte Philipp.

„Bringt uns Kienspäne", bat Leonardo.

„Machen wir", sagte Philipp. Er stellte
seine Tasche ab, dann liefen er und
Anne zu dem Holzstoß.

„Kienspäne?", fragte Anne.

„Das sind Holzstückchen", erklärte
Philipp. „Die entzündet man zuerst
und brennt damit dann die größeren
Stücke an."

Philipp und Anne sammelten kleine
Äste und Zweige und brachten sie zu
Leonardo. Der warf sie in die eisernen
Kübel.

Zorro schleppte einige Holzscheite herbei. Dann befestigten er und Leonardo die Griffe der Kübel an Seilen, die über ein System von Rollen und Winden liefen.

„Ziehen!", rief Leonardo.

Die Lehrlinge auf dem Gerüst zogen an den Seilen und die schweren Kübel erhoben sich in die Luft.

„Langsam! Langsam!", mahnte Leonardo. Die jungen Männer zogen die Kübel vorsichtig nach oben. Auf dem Gerüst schoben sie die Gefäße dicht an die Wand.

„Macht das Feuer an!", rief Leonardo. Zorro entzündete an einer der Fackeln, die am Eingang brannten, eine Kerze. Mit der Kerze kletterte er die Leiter hinauf und steckte die Kienspäne an. Bald loderte Feuer in den Kübeln.

„Holt noch mehr Holz", verlangte Leonardo. „Holt noch mehr Holz!"

Philipp und Anne rannten zurück zum Holzstapel, suchten die größten Scheite aus und brachten sie zur Leiter. Die Lehrlinge zogen das Holz hinauf und warfen es in die Kübel.

Jetzt schossen die Flammen schon hoch in die Luft und erwärmten das Fresko. Philipp und Anne standen mit Leonardo vor dem Gerüst und starrten auf die Schlachtszene. Im Saal wurde es immer heißer.

Mit dem lodernden Feuer über ihm und dem Rauch, der in der Luft lag, hatte Philipp fast das Gefühl, als sei er selbst mittendrin im Kampfgetümmel. Er hörte das Klirren der Schwerter, das Schnauben der Pferde und die Rufe der Männer. Und er erkannte den bestialischen Wahnsinn des Krieges, von dem Leonardo gesprochen hatte.

Doch auf einmal hörte Philipp echte Schreie – Leonardos Lehrlinge riefen alle durcheinander.

„Meister, es tropft!", rief einer.

„Die Farbe schmilzt!", schrie ein anderer.

Philipp sah genauer hin. Auf dem Gemälde lösten sich die Helme der Krieger auf und Farbe lief über ihre wutverzerrten Gesichter.

„Aaaah!", schrie Leonardo entsetzt.

„Löscht das Feuer! Löscht sofort das Feuer!"

„Klopf, klopf!"

Die Panik, die man so deutlich auf dem Gemälde sah, verbreitete sich jetzt auch in dem großen Saal. Leonardos Lehrlinge sahen sich aufgeregt um und wussten nicht, was sie tun sollten.

„Wasser vom Brunnen!", brüllte Leonardo. „Schnell!"

Er rannte hinaus. Seine Lehrlinge stürmten hinter ihm her.

„Wir müssen auch mithelfen!", rief Philipp Anne zu.

Sie rannten den anderen hinterher in den Innenhof.

Die Lehrlinge füllten Eimer mit Brunnenwasser.

„Beeilt euch!", schrie Leonardo.

Philipp und Anne packten zwei der vollen Eimer und schleppten sie in den Saal. „Das hier ist ja fast wie in Edo", keuchte Philipp und erinnerte Anne an ihre letzte Reise ins alte Japan.

„Hm", machte Anne, „nur dass da eine

ganze Stadt gebrannt hat, hier schmilzt nur die Farbe auf einem Gemälde."

„Stimmt", dachte Philipp.

Aber Leonardo führte sich auf, als ginge es um Leben oder Tod!

Der große Meister und seine Lehrlinge trugen die Eimer die Leiter hoch und schütteten das Wasser in die Flammen. Doch es war zu spät. Aus den Helmen, den Gesichtern und den Schwertern der kämpfenden Männer war ein verschwommenes Geschmiere aus Flecken und Streifen geworden. Das Fresko war ruiniert.

Leonardo starrte lange auf die Wand, dann kletterte er die Leiter hinunter und ging zur Tür. Zorro rief ihm hinterher: „Warten Sie, Meister!" Aber Leonardo verließ einfach den Saal.

„Wir müssen ihm nach", sagte Anne zu ihrem Bruder.

„Die Sache hat ihn ganz schön mitgenommen", stellte Philipp fest.

„Das stimmt. Aber wir müssen tun, was in dem Gedicht steht: … *dem Meister hilf den ganzen Tag …*", erwiderte Anne.

„Und wenn er unsere Hilfe jetzt gar nicht mehr möchte?", wandte Philipp ein.

„Sieh nur, er hat seinen Korb stehen lassen!", rief Anne. „Den können wir ihm doch bringen."

„Okay. Gut", meinte Philipp.

Anne nahm Leonardos Korb mit den Federn, den Blumen, dem Käse und dem Laib Brot in die Hand. Philipp schnappte sich seine eigene Tasche, dann liefen sie aus dem Ratsgebäude. Als sie vor dem Eingang des Palazzos standen, sahen sie den Meister mit großen Schritten über den Platz gehen.

„Leonardo!", rief Anne.

Doch Leonardo blickte sich nicht um, sondern verschwand in einer schmalen Gasse.

„Schnell!", rief Philipp.

Die Geschwister rannten über den Platz. Als sie in die Gasse einbogen, sahen sie Leonardo ganz am anderen Ende.

„Leonardo! Warten Sie!", rief Anne wieder.

Doch Leonardo wartete nicht. Er ging zügig weiter und bog um die Ecke.

Anne und Philipp rannten schneller. Als

sie zu der Ecke kamen, schauten sie nach rechts und nach links. Kinder spielten auf der Straße und zwei Frauen lehnten aus den Fenstern und unterhielten sich.
Leonardo war nirgends zu sehen.
„Entschuldigen Sie bitte", unterbrach Anne die beiden Frauen. „Haben Sie Leonardo da Vinci gesehen?"
„Oh ja, er ist gerade eben nach Hause gekommen", antwortete die eine Frau.
„Dort wohnt er", erklärte die zweite und deutete auf ein schmales Haus auf der anderen Straßenseite.
„Danke sehr", sagte Anne. Philipp und sie gingen zu dem Haus. Durch einen steinernen Bogen führte ein Weg in einen mit Kopfstein gepflasterten Hof. Ein weißes Pferd war vor einen Karren gespannt und einige Hühner scharrten zwischen den warmen Steinen.
„Na ihr", begrüßte Anne die Tiere.
Philipp deutete auf eine offene Tür.
„Er ist dort drin, ich höre ihn", sagte Philipp.
Die Geschwister gingen leise über den

Hof. Vor einem Fenster blieben sie stehen. Leonardo schritt im Zimmer auf und ab. Sein Hut und sein Umhang lagen auf dem Boden und sein Haar stand ihm wild vom Kopf ab.

„Ich gehe weg aus Florenz ... Genau, das mache ich." Leonardo führte Selbstgespräche. „Ich werde nach Rom gehen. Oder zurück nach Mailand."

Philipp flüsterte Anne zu: „Wir sollten ihn jetzt nicht stören. Wenn ich mich so schlecht fühle wie er gerade, dann will ich auch nicht, dass mich jemand stört."

„Nicht stören, sondern helfen", berichtigte Anne. „Wenn ich mich so schlecht fühle wie Leonardo, dann möchte ich, dass mir jemand hilft." Und ehe Philipp sie zurückhalten konnte, trat Anne zu Leonardo ins Zimmer. „Klopf, klopf!", sagte sie laut.

Leonardo wirbelte herum. Sein Gesicht war rot und sein Blick war sehr finster. „Was wollt ihr denn hier?", fragte er.

„Wir haben Ihnen die Sachen gebracht,

die Sie vergessen haben", erklärte Anne.
Sie hob den Korb hoch.

„Oh!" Leonardos Gesichtsausdruck
wurde sanfter. „Vielen Dank! Stellt doch
bitte einfach alles an der Tür ab", sagte er.

Anne setzte den Korb ab und schaute zu
Leonardo hoch.

„Wir sollten jetzt besser gehen", flüsterte
Philipp ihr leise zu.

„Gleich." Anne machte einen Schritt auf
Leonardo zu. „Wir möchten Ihnen gerne
helfen", sagte sie.

Der Meister runzelte die Stirn.
„Ihr könnt mir nicht helfen", brummte
er. „Tu, was dein Bruder sagt, kleines
Mädchen. Geht jetzt."

Aber Anne rührte sich nicht vom Fleck. „Entschuldigen Sie, aber wir müssen Ihnen den ganzen Tag über helfen. Sie haben uns doch für heute zu Ihren Lehrlingen ernannt, wissen Sie nicht mehr?"

„Kannst du denn nicht sehen, wie elend ich mich fühle?", fragte Leonardo.

„Aber wieso fühlen Sie sich so elend?", wollte Anne wissen. „Sie haben gesagt, Ruhm ist das Geheimnis des Glücks für Sie. Und berühmt sind Sie doch immer noch."

„Aber was nützt einem aller Ruhm, wenn man immer wieder scheitert?", rief Leonardo. „Dieses Fresko sollte mein Meisterwerk werden. Was nützt es mir, berühmt zu sein, wenn jetzt alle über mich lachen werden, weil ich versagt habe? Bitte geht nun!"

„Oh, so ist das. Tut mir leid", flüsterte Anne. „Dabei wollten wir doch nur helfen." Sie und Philipp wandten sich zum Gehen.

„Wartet, wartet, wartet!", rief Leonardo da. „Bitte entschuldigt!"

Philipp und Anne drehten sich zu ihm um. Der große Künstler rieb sich mit der Hand über das Gesicht und seufzte. Dann winkte er sie heran. „Bitte verzeiht! Kommt herein, kommt herein", sagte er.

„Danke", erwiderte Anne. Dann traten Philipp und sie in die Werkstatt Leonardo da Vincis.

Tausend neue Ideen

Im Kamin brannte ein kleines Feuer und das Sonnenlicht fiel schräg in das warme Zimmer. Philipp sah sich mit angehaltenem Atem in Leonardos Werkstatt um.

Spiegel, Holztruhen, Farbtöpfe und Pinsel standen und lagen herum, dazwischen ein Globus. An den Wänden hingen Zeichnungen, Gemälde und selbst gemachte Landkarten. Philipp ließ seinen Blick über Stapel alter Bücher, halb fertige Möbel, jede Menge Papiere, Theatermasken, Kostüme und Musikinstrumente schweifen.

„Oh Mann", flüsterte er. „Dieser Raum ist toll!"

„Finde ich auch", sagte Anne.

„Setzt euch doch an den Tisch und ich hole uns etwas zu essen", bat Leonardo. Er schob die Sachen auf dem Tisch beiseite und zog zwei weitere Stühle heran.

„Danke", sagten Philipp und Anne und setzten sich.

Leonardo nahm das Brot und den Käse aus dem Korb und brach für Anne und Philipp etwas davon ab. Der Käse war ziemlich fest, schmeckte aber gut. Das Brot war köstlich – außen knusprig und innen weich. „Hm, wie der Bäcker das wohl hinbekommt?", überlegte Philipp.

„Und wieso möchten Sie weg aus Florenz, Leonardo?", fragte Anne mit vollem Mund.

„Weil mich hier jetzt niemand mehr achten wird", antwortete der Meister. „Letzte Woche hat der Rat der Stadt mir gesagt, dass ich mit dem Gemälde bald fertig werden muss. Aber jetzt wird es überhaupt nie fertig! Und Michelangelo hat mir erst kürzlich vorgeworfen, dass ich nichts je zu Ende bringen würde."

„Was, Michelangelo, der große Künstler?", fragte Philipp.

Leonardo schnaubte. „Du findest wirklich, Michelangelo ist ein großer Künstler? Hast du dir mal seine Statuen angeschaut? Diese Männer mit ihren Muskelpaketen? Die sehen doch aus, als hätten sie Walnusssäcke an den Armen, oder?"

Philipp und Anne lachten.

Leonardo versuchte ein Lächeln zu unterdrücken. „In Wahrheit ist Michelangelo wirklich ein großer Künstler", sagte er. „Trotzdem hätte er nicht zu mir sagen dürfen, ich würde nie etwas fertig bekommen ... selbst wenn es stimmt."

„Wieso bringen Sie denn nichts zu Ende?", fragte Anne.

„Na ja, das Fresko werde ich nicht beenden, weil ich mit der Farbe herumexperimentiert habe", erklärte Leonardo. „Ich mache andauernd irgendwelche Versuche. Und oft genug führen meine Experimente in eine Sackgasse."

„Das ist also Ihr Problem?", fragte Anne.

„Nein, nur eines von vielen", seufzte Leonardo. „Es gibt einfach zu viele Dinge, die ich tun möchte, und ich habe nie genug Zeit."

„Was möchten Sie denn noch alles machen?", erkundigte sich Philipp.

„Oh, ich habe Tausende von Ideen",

gestand Leonardo. Er legte sein Brot und seinen Käse auf einen Teller und ging zu einer Holztruhe, die in einer Ecke stand. Er öffnete den Deckel und starrte einen Moment hinein, dann kam er zu Philipp und Anne zurück. Seine Augen leuchteten wieder. Was auch immer er in der Truhe entdeckt hatte, es hatte seine Laune beträchtlich verbessert. „Kommt mit und schaut selbst", lud er die Geschwister ein.

Philipp und Anne gingen zur Truhe und schauten hinein. Dutzende und Aberdutzende von einfachen schwarzen Büchern lagen darin – große und kleine.

„Notizbücher", erklärte Leonardo. „Ich habe schon über hundert mit meinen Ideen vollgeschrieben."

„Irre", flüsterte Philipp.

„Philipp schreibt auch dauernd in ein Notizbuch", sagte Anne.

„Dürfen wir darin lesen?", fragte Philipp.

„Natürlich", erlaubte Leonardo großzügig.

Philipp und Anne nahmen sich einige Bücher heraus und blätterten darin. Die Seiten waren eng gefüllt mit Notizen. Auf

manchen Seiten fanden sie Zeichnungen
von Gesichtern, Tierköpfen, Blumen,
Bäumen, Flüssen, Bergen, der Sonne
und dem Mond. In einem Buch waren nur
Pferdeskizzen, in einem anderen vor
allem Brücken und Gebäude. In einem
weiteren entdeckten sie Vögel und
Maschinen. Unter einigen der Zeichnungen
standen Erläuterungen in einer ganz
seltsamen Sprache.

„Bestimmt könnt auch ihr meine Notizen
nicht lesen, oder?", fragte Leonardo.

Philipp und Anne schüttelten den Kopf.

„Haltet sie vor den Spiegel", riet
Leonardo.

Die Geschwister stellten sich vor

einen Wandspiegel, hielten die Bücher
hoch und betrachteten die Buchseiten
im Spiegel.

„Oh, ich kapiere!", rief Philipp auf
einmal. Jetzt konnte er die Worte
lesen. Leonardo hatte alles rückwärts-
geschrieben – von rechts nach links.
Deshalb sah das Wort „Vogel" aus wie

und das Wort „Wind" sah so aus:

„Wieso haben Sie das so geschrieben?",
fragte Anne.

„Die Leute denken immer, ich versuche
auf diese Weise meine Ideen für mich zu
behalten", antwortete Leonardo. „Aber
der wahre Grund ist, ich bin Linkshänder.

Und wenn ich ganz normal von links nach rechts schreibe, verschmiere ich die Tinte mit dem Handrücken über die gesamte Seite. Eines Tages habe ich herausgefunden, dass ich weniger schmiere, wenn ich rückwärtsschreibe." Er lachte, setzte sich an den Tisch und biss in sein Brot. Nun schien er wieder so gut gelaunt und zufrieden zu sein, wie sie ihn kennengelernt hatten.

„Und was schreiben Sie in Ihre Notizbücher?", fragte Philipp.

„Oh, ich habe schon Tausende von Ideen und Gedanken aufgeschrieben", sagte Leonardo. „Zum Beispiel …"
Er schlug eines der Notizbücher auf und las vor: „In den Bergen Italiens findet man Fossilien kleiner Meerestiere. Ich nehme an, dass vor vielen Millionen Jahren Meerwasser diese Berge bedeckt hat."

„Ihre Annahme stimmt", sagte Philipp.

Leonardo sah Philipp überrascht an. „Du scheinst dir ja ziemlich sicher zu sein", meinte er.

„Na ja, ich weiß aus Sachbüchern,
dass viele Gebirge auf der Erde einst
vom Meer bedeckt waren. Deshalb
kann man dort auch heute noch fossile
Meerestiere finden", erklärte Philipp.

„Wir lesen sehr viele Bücher", warf
Anne ein.

„So?" Leonardo nahm ein weiteres
Notizbuch zur Hand und las daraus:
„Wenn man von einem Wolf angestarrt
wird, wird man heiser."

„Hm, das stimmt nicht." Anne
schüttelte den Kopf. „Wie sollte ein Tier
einen Menschen heiser machen können?
Und was hätte es davon?"

Leonardo nickte. „Ja, ich glaube, da

hast du recht." Er räusperte sich und las dann eine weitere Notiz vor: „Spinnen brüten ihre Eier aus, indem sie sie anstarren."

„Neiiin!", riefen Anne und Philipp wie aus einem Mund.

„Nein?", wiederholte Leonardo.

„Glauben Sie uns", sagte Philipp und lächelte.

„Das macht Spaß", dachte er. „Wir wissen mehr als der große Meister! Die Wissenschaft hat riesige Fortschritte gemacht seit Leonardos Zeit."

„Na gut. Ich weiß zwar nicht wieso, aber ich glaube euch", sagte Leonardo. Er blätterte eine Seite weiter und las: „Der Mond ist vielleicht deswegen so hell, weil er aus schäumendem Wasser besteht."

Philipp schüttelte den Kopf. „Der Mond besteht aus Stein", widersprach er. „Und er scheint deshalb so hell, weil er das Sonnenlicht widerspiegelt." Philipp wusste eine ganze Menge über den Mond.

„Wussten Sie, dass es auf dem Mond keinen Wind gibt?", fragte Anne. „Und wenn die Menschen eines Tages auf dem Mond landen sollten, werden ihre Fußspuren dort für immer und ewig zu sehen sein."

Leonardo grinste. „Wundervoll! Ich fürchte nur, ihr redet Blödsinn, aber mir gefallen eure ungewöhnlichen Ideen und Gedanken."

Er blätterte wieder weiter und las den nächsten Eintrag: „Es muss einen Weg geben, die natürlichen Kräfte – wie zum Beispiel Wind oder Dampf – so zu nutzen, dass mit deren Hilfe die Menschen ihre Aufgaben schneller und mit weniger Anstrengung erledigen können ..."

„Das ist eine super Idee", fand Philipp. „Vielleicht werden Schiffe und Züge eines Tages mit Dampfbetrieb fahren."

„Züge?", fragte Leonardo verständnislos.

„Ja, Züge", bestätigte Anne. „Ein Zug ist etwas, das wir uns ausgedacht haben, etwas, das so ähnlich ist wie ... äh ..."

„... wie viele Wagen, die hintereinander auf Schienen durch das Land fahren", erklärte Philipp.

„Interessant", murmelte Leonardo und schloss die Augen, um sich das Ganze besser vorstellen zu können.

„Und dann gibt es da auch noch die Flugzeuge", fuhr Anne fort. „Wir haben uns dieses Ding ausgedacht, das wir Flugzeug nennen."

„Genau, die Flugzeuge haben Flügel, und man kann mit ihnen durch die Lüfte fliegen", ergänzte Philipp.

„So wie Vögel", sagte Anne.

Leonardo setzte sich plötzlich kerzengerade auf. „Ihr glaubt, dass es so eine Flugmaschine tatsächlich geben könnte?", fragte er.

„Wir sind uns da sogar ganz sicher",
bestätigte Philipp.

Leonardo sprang auf. „Ich glaube, es
muss ein Zeichen sein, dass ihr zu mir
gekommen seid!", rief er.

„Ein Zeichen wofür?", fragte Anne
neugierig.

Leonardos Augen leuchteten.
„Ich bin auch davon überzeugt, dass
Menschen fliegen können wie Vögel –
und heute werde ich es beweisen!"

„Wirklich? Das werden Sie?", fragte
Philipp.

„Ja! Bis heute habe ich mich nicht
getraut, meine Idee auszuprobieren",
gestand Leonardo. „Doch ihr beide
habt mir Mut gemacht."

„Worüber redet er da eigentlich?",
überlegte Philipp.

„Jetzt bin ich mir sicher, dass mein
Plan gelingen wird", sagte Leonardo.
„Und das wird mir ewigen Ruhm
einbringen."

„Wir wissen eigentlich gar nicht viel
über das Fliegen", gab Philipp zu.

„Genau, wir haben uns das ja einfach nur vorgestellt", erklärte Anne.

Aber Leonardo hatte schon seinen Umhang und seinen Hut genommen und rief: „Kommt mit mir, meine Freunde!" Und schon lief er hinaus auf den Hof.

Philipp schnappte sich seine Tasche, dann folgten Anne und er Leonardo nach draußen. Der Meister sprang auf den Pferdekarren und packte die Zügel. „Klettert rein, klettert rein!", forderte er die Geschwister auf.

Philipp und Anne kletterten auf den Karren und setzten sich neben Leonardo.

„Heute wird der Große Vogel hoch in den Himmel aufsteigen!", rief Leonardo. „Und das gesamte Universum wird staunen!"

Der Große Vogel

Leonardo schnalzte mit den Zügeln und der Schimmel verließ klappernd den Hof.

„Und wohin fahren wir jetzt?", wollte Anne wissen.

„Zu einem steilen Hang außerhalb der Stadtmauern", antwortete Leonardo. „Eines Tages werdet ihr den Menschen erzählen können, dass ihr mich an diesem historischen Montag begleitet habt: Ihr habt das berühmte Genie Leonardo da Vinci mit seinem Großen Vogel gesehen!"

„Echt cool, aber könnten Sie uns bitte erzählen, was genau Sie eigentlich vorhaben?", fragte Philipp.

„Seit fünfundzwanzig Jahren zeichne ich nun schon Vögel und Fledermäuse", erklärte Leonardo. „Ich habe sie ganz genau beobachtet und kenne all ihre Bewegungen. Ich weiß, wie sie gleiten, wie sie mit den Flügeln schlagen, wie sie landen und wie sie sich in die Luft erheben.

Ich habe unzählige Male überlegt, wieso nicht auch Menschen wie Vögel fliegen können. Also habe ich schon vor etlichen Jahren angefangen, meinen Großen Vogel zu bauen."

„Ihren Großen Vogel?", wiederholte Anne fragend.

„Hahaha!" Leonardo lachte. „Wartet ab und seht selbst!"

Schon fuhren sie durch das Stadttor und weiter hinaus aufs Land. Die strahlende Sonne erwärmte die kühle Luft.

Leonardo zog wieder an den Zügeln, das Pferd verließ die Hauptstraße und bog in einen felsigen schmalen Weg ein. Der Karren holperte an blassgrünen Oliven- bäumen und einem Feld voller gelber Wildblumen vorüber. Dann gelangten sie an den Fuß eines steilen Hügels.

Leonardo brachte das Pferd zum Stehen. „Wir sind da. Seht ihr ihn schon?" Er deutete auf ein seltsames Gestell ganz oben auf dem Hügel. „Das ist mein Großer Vogel!"

„Was soll das sein?", fragte Philipp.

„Er hat Flügel wie eine Fledermaus –
nur viel, viel größer. Groß genug für einen
Menschen", erklärte Leonardo. „In einer
mondhellen Nacht vor ungefähr einem
Monat haben mein Lehrling und ich ihn
hier auf diesen Hügel geschafft. Ich hatte
bisher nur noch nicht den Mut, ihn auszuprobieren – aber jetzt tue ich es!"

Philipp überlegte. Er war sich sicher,
dass Menschen erst um das Jahr 1900
zum ersten Mal mit Flugzeugen geflogen
sind. „Na ja … vielleicht sollten Sie doch
noch eine Weile an dieser Sache arbeiten",
schlug er vor. „Ich meine, vielleicht …"

„Nein, nein! Heute ist der große Tag! Das
weiß ich sicher!", widersprach Leonardo.
„Bleibt einfach hier und schaut zu!"

Leonardo stieg vom Wagen und ging
mit langen Schritten den steilen Hang
hinauf.

„Los, schlag rasch *Großer Vogel* in
dem Leonardo-Buch nach", flüsterte
Anne.

Philipp zog das Buch aus seiner Tasche
und suchte im Stichwortverzeichnis.

„Da steht etwas", sagte er und schlug die entsprechende Seite auf. Dann las er laut vor:

Leonardo da Vinci arbeitete über viele Jahre an einer Flugmaschine, die er den *Großen Vogel* nannte. Doch erst mit der Erfindung der Leichtmotoren – fast vierhundert Jahre nach Leonardos Lebzeiten – war es Menschen möglich, mit ähnlichen Geräten zu fliegen. Es ist nicht bekannt, ob Leonardo seinen *Großen Vogel* jemals ausprobiert hat. Falls er das getan hätte, wäre er bestimmt damit abgestürzt.

„Oh nein!", rief Anne. „Seine Flugmaschine funktioniert nicht! Wenn Leonardo versucht, den Hang hinunterzufliegen, wird er abstürzen! Wir müssen ihn aufhalten, ehe er sich verletzt!"

Anne stürmte los. Philipp steckte das Buch wieder ein, ließ die Tasche auf dem Karren liegen und rannte hinter Anne den steilen Hügel hinauf.

„Nicht, Leonardo! Warten Sie!", schrie Anne.

Aber der große Meister ging unbeirrt
weiter.

„Menschen können jetzt noch nicht
fliegen!", brüllte Philipp.

„Bitte probieren Sie es nicht, Leonardo!",
rief Anne.

Leonardo war schon längst oben auf dem
Hügel, als Philipp und Anne erst die Hälfte
der Strecke geschafft hatten. Er legte sich
die Gurte des Großen Vogels an. Griffe
befanden sich unterhalb der Gurte und
zu beiden Seiten wölbten sich riesige, mit
Segeltuch bespannte Flügel über den
hölzernen Rahmen.

„Nicht!", schrie Philipp.

Aber Leonardo stolperte schon zum

Rand des Abgrunds. Die Flugmaschine fest auf den Rücken geschnallt. Das Fluggerät war so schwer, dass er kaum aufrecht stehen konnte.

„Nicht, Leonardo, stopp! Sie brauchen einen Motor!", brüllte Anne.

Aber Leonardo ging in die Knie, bückte sich tief hinunter, packte die beiden Griffe und zog sie an seine Brust. Die riesigen Flügel bewegten sich.

„Der Große Vogel öffnet die Flügel und wird vom Wind getragen!", schrie Leonardo.

„Neeiiin!", riefen Philipp und Anne.

In diesem Moment sprang Leonardo vom Rand des Abhangs. Ein Windstoß hob ihn in die Höhe. Der Wind hielt das Fluggerät oben und Leonardo zog und drückte an den Griffen. Die Flügel bewegten sich auf und ab.

Doch Leonardo konnte nicht schnell genug mit den Flügeln schlagen. Obwohl er wie ein Wahnsinniger an den Griffen zog und ruckte, sank er schon bald nach unten – bis schließlich Flügel, Holzgerüst

und Leonardo krachend zu Boden
stürzten.

„Leonardo!", schrie Anne.

Die Geschwister rannten den Abhang
hinunter. Am Fuß des Hügels lag Leonardo
da Vinci unter einem jämmerlichen Haufen
Schrott. Die zerbrochenen Flügel lagen im
Gras. Philipp und Anne stürzten zu ihm.

„Wie geht es Ihnen?", fragte Anne.

Keine Antwort.

„Oh nein, wir haben ihn umgebracht",
dachte Philipp.

Doch dann bewegte sich Leonardo
und hob eine Hand.

„Wie geht es Ihnen?", fragte Anne
noch einmal.

Leonardo hob die zweite Hand, rollte
sich zur Seite und schnallte die Gurte des
Fluggeschirrs ab. Dann kroch er unter den
Holztrümmern hervor und setzte sich auf.
Sein Gesicht war zerschrammt.

„Wie geht es Ihnen?", fragte Anne
zum dritten Mal.

Leonardo sah sie mit trüben Augen an
und schüttelte den Kopf. „Gar nicht gut."

„Haben Sie sich etwas gebrochen?",
erkundigte Anne sich besorgt.

Leonardo stand auf und starrte auf
die zerbrochenen und zerrissenen Flügel
des Großen Vogels. Er seufzte. „Nur mein
Herz", sagte er leise. „Nur mein Herz ist
gebrochen."

Leonardo humpelte über die Wiese
zurück zu dem Pferdekarren. Philipp
und Anne gingen hinter ihm her. Als
Leonardo beim Karren ankam, schnaubte
der Schimmel, so als ob er ihn trösten
wolle. Leonardo presste seinen Kopf an
den Hals des Pferds.

Anne trat zu ihm und fragte leise:
„Und wieso ist Ihr Herz gebrochen,
Leonardo?"

Leonardo schaute zum Hügel
hinauf. „Mein ganzes Leben lang habe
ich immer wieder Dinge angefangen,
die zu nichts führten", sagte er. „Die
Türme und Brücken, die ich entworfen
habe, wurden nie gebaut. Meine wissen-
schaftlichen Theorien konnte ich niemals
beweisen …"

„Aber ...", wollte Anne einwenden,
doch Leonardo sprach einfach weiter:
„Jahrelang habe ich an den Plänen
zu einer riesigen Pferdeskulptur
gearbeitet, die ich für den Grafen
von Mailand anfertigen wollte. Doch
letztendlich wurde auch daraus nichts.
Ich habe nur ganz wenige Gemälde
tatsächlich fertiggestellt. Nicht einmal
mein Lieblingsbild von einer wunderschönen Florentiner Dame kann ich
beenden. Und dann habe ich heute
auch noch das Fresko im Ratssaal
zerstört. Doch trotz all meiner Niederlagen
gab es immer etwas, das mich getröstet
hat."

„Was war das?", fragte Philipp.

„Ich war mir sicher, dass ich eines
Tages der erste Mensch auf der Welt
sein würde, der fliegt." Leonardos
Stimme zitterte. „Und nachdem ich
mit euch gesprochen hatte, wusste
ich, die Zeit, meine Flugmaschine
auszuprobieren, war gekommen."

„Das tut uns leid", sagte Anne.

„Nein, nein, nicht nötig", beschwichtigte Leonardo sie. „Irgendwann hätte ich es ja schließlich sowieso ausprobiert. Aber jetzt ist auch dieser Traum fehlgeschlagen. Ich werde niemals berühmt werden, weil ich fliege. Ich werde überhaupt niemals fliegen." Er ließ den Kopf hängen und starrte zu Boden. „Ich werde jetzt wieder nach Hause fahren und all meine Notizbücher, die angefangenen Gemälde und Erfindungen verbrennen. Und dann kehre ich Florenz den Rücken und komme nie wieder zurück."

„Oh nein!", rief Philipp.

„Warten Sie", sagte Anne.
„Sie werden fliegen!"

„Anne", flüsterte Philipp warnend, denn er wusste genau, dass die Flugmaschine nicht funktionieren konnte, und er wollte bei Leonardo keine falschen Hoffnungen wecken.

„Sie werden fliegen, Leonardo!", wiederholte Anne. „Und Sie werden begeistert sein!"

„Aber Anne! Menschen können in diesem Jahrhundert unmöglich fliegen", flüsterte Philipp seiner Schwester zu. „Man braucht dazu einen Motor – und den haben wir nicht."

Doch Anne beachtete ihn überhaupt nicht. „Wartet hier einen Augenblick auf mich, ich muss etwas holen", erklärte sie.

Sie kletterte auf den Karren und griff in Philipps Tasche.

Als sie sich umdrehte, hielt Philipp überrascht die Luft an. An den Dianthus-Zauberstab hatte er überhaupt nicht mehr gedacht.

Flügel

Anne hob den Zauberstab.

„Bitte schließen Sie die Augen, Leonardo."

Doch der Meister schüttelte nur den Kopf.

„Bitte", sagte Anne eindringlich, „nur für einen Augenblick."

Leonardo stützte seinen Kopf in die Hände.

„Haben Sie heute Morgen nicht gesagt, ein Künstler müsse Fantasie und Beobachtungsgabe miteinander vereinen?", fragte Anne.

Leonardo nickte schwach.

„Dann passen Sie gut auf, denn jetzt kommt der fantastische Teil", sagte Anne. Sie deutete mit dem Zauberstab erst auf Leonardo, dann auf Philipp und sich selbst. An den Fingern zählte sie die Worte ab, dann rief sie: „Lass – uns – fliegen – wie – Vögel!"

Leonardos Arme bewegten sich
von allein zur Seite. Sie waren von
langen grauen Federn bedeckt. Er schrie
erschrocken auf. Dann verwandelten
sich Philipps Arme in Flügel – ebenso
wie Annes.
„Was ist das denn?", rief Leonardo.
„Flügel!", antwortete Anne.
Philipps Flügel waren leicht und luftig,
aber gleichzeitig auch stark und kräftig.
„Jetzt können wir fliegen", erklärte
Anne.
„Flügel?", wiederholte Leonardo
verblüfft. Dann lachte er. „Wir haben
Flügel! Wir haben Flügel! Los, lauft! Lauft
in den Wind!"
Philipp, Anne und Leonardo breiteten
ihre Arme aus und machten einige
schnelle Schritte vorwärts. Der Wind
fuhr unter ihre Flügel und hob sie vom
Boden.
„Hurra!", schrie Leonardo.
Die drei stiegen hoch hinauf in den
Himmel. Ein sanfter Luftstrom erfasste
sie, sodass sie nicht mehr mit den

Flügeln schlagen mussten. Sie flogen in einem großen Bogen über die Landschaft.

Philipp fühlte sich so leicht wie der Wind und sein Herz schlug sehr schnell.

„Unglaublich, oder?", rief Anne.

„Der beste Flug, den wir je gemacht haben", antwortete Philipp.

Die Geschwister waren schon oft geflogen: auf einem Drachen, mit einem Fahrrad, auf einem geflügelten Löwen und einem fliegenden Teppich und einmal auf dem Rücken eines weißen Hirschs. Bei einem Abenteuer waren sie sogar in Gestalt von Raben über ein verwunschenes Schloss geflogen. Doch das hier war das erste Mal, dass sie selbst ganz eigenständig fliegen konnten.

„Mir nach!", rief Leonardo. Er neigte seine Flügel und die Geschwister folgten ihm. Zu dritt sausten sie über die menschenleeren Hügel und glitten hinauf in die tief hängenden Wolken.

Kühle feuchte Nebelfetzen wehten
Philipp ins Gesicht. Es war, als ob er
durch den Himmel schwimmen würde,
als ob die Wolken Wasser wären.

Vor Begeisterung laut lachend und
jauchzend flog Leonardo vor Philipp und
Anne her. Er glitt aus den Wolken und
flog wieder etwas tiefer – über gelbe
Blumenwiesen und blassgrüne
Olivenhaine.

„Hallooo!", rief Leonardo den Bauern
zu, die ihre Felder pflügten. Doch die
Bauern schauten nicht hoch.

„Hallooo!", rief er den Leuten zu,
die in einem Weinberg Trauben
pflückten – doch auch die schauten
nicht hoch.

Niemand sah zu ihnen hinauf – nur
die Vögel am Himmel schienen sie zu
bemerken. Immer wieder kamen neue
Vögel krächzend auf sie zugesegelt, als
ob sie die drei in ihrer Welt willkommen
heißen wollten. Die Vögel flogen um
sie herum und begleiteten sie über
die Stadtmauern nach Florenz.

Philipp, Anne und Leonardo kreisten
mit den Vögeln über dem Meer aus rot
gedeckten Dächern, über dem großen
Dom und über dem Glockenturm des
Palazzos vom Großen Rat.

„Florenz sieht so übersichtlich und
ordentlich aus von hier oben!", rief
Leonardo den Geschwistern zu. „Wenn
ich nur mein Skizzenbuch dabei hätte!"

„Die Stadt sieht von hier oben tatsächlich sehr ordentlich aus", dachte Philipp: der lebhafte Markt mit den langen Reihen von Ständen und Zelten, die schmalen Straßen mit den bunten Kleidern auf den Wäscheleinen, die überdachte Brücke, der sich schlängelnde funkelnde Fluss …

Die Geschwister und Leonardo stiegen mit den Vögeln wieder höher und flogen über die Stadtmauer zurück aufs Land. Sie glitten über Olivenhaine und Weinberge hinweg. Schließlich kreisten sie über der Stelle, an der Leonardos Großer Vogel zerbrochen im Gras lag.

Die Vögel verabschiedeten sich krächzend und verschwanden in den Wolken. Leonardo, Anne und Philipp flogen tiefer und tiefer. Sie breiteten ihre Schwingen weit aus und dann berührten ihre Füße das Gras. Sie machten erst einige Flatterbewegungen mit ihren Flügeln, dann ein paar rasche Hopser, ehe sie stehen blieben.

Sobald alle drei wieder fest auf den
Füßen standen, verschwanden die
langen Federn und die Vogelschwingen
wurden wieder zu Armen. Leonardo
war ganz benommen. Er starrte nach
oben in den Himmel, dann stolperte er
einige Schritte vorwärts und fiel vornüber
ins Gras.

„Leonardo!", rief Anne.

„Oh nein!", dachte Philipp. „Jetzt hat
er einen Herzanfall!"

„Leonardo?", fragte Anne wieder.
Sie kniete sich neben ihn.

Leonardo rollte sich herum und

starrte Anne und Philipp an. „Was …
was ist gerade geschehen?", stammelte
er. „Sind wir geflogen? Sind wir wirklich
geflogen? Oder war das nur ein Traum?"

   „Äh … na ja …" Philipp wusste
nicht, was er antworten sollte. Um
Leonardo das mit dem Zauberstab zu
erklären, müssten sie ganz am Anfang
anfangen: Bei dem magischen Baumhaus,
bei Morgan, Merlin, Teddy, Kathrein,
Dianthus … und das würde ewig dauern.

   „Also", begann Anne, „eines Tages,
es ist schon eine ganze Weile her, da
haben wir im Wald gespielt und …"

„Anne!" Philipp schüttelte den Kopf.

Anne runzelte die Stirn und sagte: „Ich glaube, das kann man gar nicht richtig erklären."

Leonardo schaute wieder hinauf in den Himmel. „Nein, nein", flüsterte er. „Da hast du wahrscheinlich recht. Manche Dinge sollten lieber ein Geheimnis bleiben, das wir in unseren Herzen aufbewahren. Wir sollten gar nicht erst versuchen, sie lang und breit zu erklären."

„Was für eine erstaunliche Feststellung für jemanden, der sonst ständig immer alles zu erklären versucht!", dachte Philipp.

„Aber wenn ich es erklären müsste, würde ich es so ausdrücken", fuhr Leonardo fort und sprang auf. „Jahrelang habe ich alle Beobachtungen über den Vogelflug aufgeschrieben. Ich habe Hunderte von Zeichnungen angefertigt. Beides hat mir beim Bau meiner Flugmaschine geholfen. Doch am

Ende hat etwas gefehlt – etwas sehr Wichtiges."

„Und was?", fragte Anne.

„Die Seele eines Vogels", antwortete Leonardo. „Schließlich ist ein Vogel keine Flugmaschine. Ein Vogel hat eine Seele. Und gemeinsam mit euch beiden habe ich diese Vogelseele entdeckt. Wenn auch nur für kurze Zeit und in meiner Fantasie – aber eine Weile waren wir drei den Vögeln näher als den Menschen."

„Und hat die Vogelseele Ihr gebrochenes Herz heilen können?", wollte Anne wissen.

Leonardo lächelte. „Ja, mein Herz ist geheilt. Ich bin bereit, den Traum vom Fliegen hinter mir zu lassen und mich anderem zuzuwenden. Und es macht mir auch nichts aus, dass die Welt niemals etwas von meinem großen Triumph erfahren wird."

„Dann ist Ruhm vielleicht doch nicht Ihr Geheimnis des Glücks?", fragte Philipp.

„Ganz bestimmt nicht", antwortete Leonardo. „Das weiß ich jetzt. Denn man muss bei dem, was man tut, einfach seinem Herzen folgen. Zum Beispiel arbeite ich gerade an einem Gemälde. Ich liebe dieses Bild und es ist mir völlig egal, ob andere es je sehen werden ... Oh ... oh nein! Wie spät ist es?" Er sah gehetzt zur Sonne hoch. „Ich muss gehen, sonst komme ich zu spät!"

„Zu spät wozu?", fragte Anne.

„Zu spät zu meinem Modell in meiner Werkstatt", antwortete Leonardo. „Zu der Frau, von der ich ein Porträt male. Ich habe euch gerade eben davon erzählt. Wir müssen zurück."

Philipp, Anne und Leonardo rannten zu dem Karren und kletterten hinauf. Leonardo schnalzte mit den Zügeln und der Schimmel trabte mit klappernden Hufen zurück nach Florenz.

Das Lächeln

Auf dem Rückweg sagte zuerst
niemand ein Wort. Es war, als ob keiner
von ihnen den Zauber brechen wollte,
den sie immer noch spürten. Obwohl
Philipp jetzt in dem holpernden Karren
auf und ab hopste, konnte er sich ganz
genau an das Gefühl erinnern, wie es
war, über den Wolken zu fliegen. Fast
konnte er das Rascheln seiner langen
Federn noch hören.

Der Karren fuhr durch das Tor
in der Stadtmauer. Als sie durch die
Straßen der Stadt zuckelten, brach
Anne das Schweigen. „Also, wenn
Ruhm nicht Ihr Geheimnis zum Glück
ist, was ist es dann?", fragte sie Leonardo.
„Glauben Sie, dass es vielleicht das
Fliegen ist?"

Leonardo dachte einen Augenblick
nach. „Nein, nein. Das Geheimnis zum
Glück kann unmöglich das Fliegen sein."

„Wieso nicht?", wollte Philipp wissen.

„Weil das ein großer Traum ist, den aber keiner außer uns sich je erfüllen wird", antwortete Leonardo. „Und das Glück kann es unmöglich nur für uns geben."

„Das ist wahr", räumte Anne ein.

„Aber was ist es dann?", rätselte Philipp.

„Hmmm." Leonardo schwieg. Dann seufzte er. „Darüber muss ich noch nachdenken", sagte er schließlich.

Philipp schaute sorgenvoll zum Himmel. Bald würde die Sonne untergehen und die Nacht hereinbrechen. In dem Gedicht hieß es, dass sie zurück nach Hause gehen mussten, wenn die Vögel ihr Abendlied sangen.

„Und wie lange wird es wohl dauern, darüber nachzudenken?", fragte Philipp.

„Das weiß ich nicht", antwortete Leonardo. „Im Augenblick weiß ich nur, dass ich mich beeilen muss, um mein Modell noch zu treffen. Sie ist schon traurig genug, auch ohne dass ich zu spät komme."

„Wieso ist sie denn traurig?", erkundigte Anne sich.

„Das will sie nicht verraten." Leonardo zuckte mit den Schultern. „Vielleicht hat sie es ja satt, mein Modell zu sein. Seit drei Jahren kommt sie schon zu mir, damit ich sie malen kann."

„Irre, das ist wirklich lange!", staunte Anne.

„Ja, ja, ist es", gab Leonardo zu. „Seit einiger Zeit lächelt sie nicht einmal mehr, sondern schaut mich nur traurig an. Ich habe schon Sänger, Musikanten und Spaßmacher bestellt, um sie aufzuheitern – aber es nützt nichts."

„Vielleicht sollten Sie sich heute lieber nicht mit ihr treffen", meinte Philipp. Er wollte nicht, dass Leonardo seine gute Laune verlor. Er sollte schließlich darüber nachdenken, worin das Geheimnis des Glücks bestand.

„Doch, ich muss", beharrte Leonardo. „Das Licht ist heute perfekt. Der späte Nachmittag ist in meinem Hof die ideale Zeit zum Malen, dann ist das Sonnenlicht golden und die Schatten werden länger …"

Schatten tauchten tatsächlich
auf, als der Schimmel den Karren in
Leonardos Hof zog. Eine junge Frau
stand an der Tür der Werkstatt.

„Lisa!", rief Leonardo.

„Hallo, Leonardo", erwiderte die
Frau. Sie trug ein dunkles Kleid und
hatte ein Seidentuch um die Schultern
geschlungen. Ihr langes braunes Haar
war mit einem dünnen Schleier bedeckt.
Sie hatte eine hohe Stirn und große
braune Augen. Sie sah aus wie jemand,
den Philipp kannte, aber er kam nicht
darauf, wer es war.

„Verzeih, Lisa, ich komme zu spät",
sagte Leonardo und sprang vom Karren.

„Wartest du einen Moment, bis ich meine Sachen geholt habe?"

„Ja, ich warte", antwortete Lisa.

Leonardo lief ins Haus, während die Geschwister vom Karren kletterten.

„Hallo, wir heißen Anne und Philipp", stellte Anne sich und ihren Bruder vor.

Die Frau lächelte sie an. „Ich heiße Lisa", erwiderte sie.

„Ich glaube, ich kenne Sie von irgendwoher", sagte Anne.

„Wirklich? Seid ihr denn auch aus Florenz?", fragte Lisa.

„Nein, wir wohnen in Pepper Hill in Pennsylvania", erzählte Anne. „Das ist ziemlich weit weg von hier."

Lisa lächelte wieder. „Mir gefällt der Name eurer Stadt", meinte sie.

„Für andere Leute lächelt Lisa also doch", dachte Philipp. „Und wieso will sie nicht für Leonardo lächeln?"

Leonardo kam mit einer kleinen Leinwand, einer Staffelei und Farben wieder in den Hof. Dann holte er einen

Hocker für Lisa. Sie setzte sich und faltete die Hände.

Leonardo stellte seine Leinwand auf die Staffelei. Während er seine Farben vorbereitete, betrachteten Philipp und Anne das halb fertige Bild.

„Wie hübsch", flüsterte Anne.

Auf der Leinwand sah man das Modell, Lisa. In ihrem Gesicht war nur der Mund noch nicht gemalt. Im Hintergrund sah man eine nebelverhangene Landschaft mit Hügeln und verschlungenen Flüssen.

Leonardo nahm seinen Pinsel, tauchte ihn in Farbe und fing an zu arbeiten. Philipp und Anne beobachteten, wie der große Meister eine dünne Schicht grüne Farbe auftrug.

„Was machen Sie denn jetzt?", fragte Anne.

„Ich trage viele ganz dünne Farbschichten auf dem Hintergrund auf", erklärte Leonardo leise. „Dadurch entsteht auf dem Bild ein sanftes grünliches Licht, alles fließt zusammen wie Rauch und man kann Licht und Schatten nicht mehr unterscheiden."

„Wie sind Sie denn darauf gekommen?", wollte Anne wissen. „Ich meine, Sie finden immer wieder neue Wege, irgendetwas zu machen. Wie machen Sie das?"

„Ich stelle Fragen", erklärte Leonardo. „Andauernd stelle ich neue Fragen: Wie kann ich am besten Licht malen? Wie kann ich Schatten darstellen? Wie kann ich dieses tun, wie jenes?" Leonardo hörte auf zu malen. Er legte seinen Pinsel zur Seite und schaute Philipp und Anne an. Seine Augen funkelten. „Und nun, meine Freunde, kenne ich das Geheimnis des Glücks!"

„Wirklich?", fragte Philipp gespannt.

„Ja!", bestätigte Leonardo. „Dieses Geheimnis zum Glück steht uns allen zur Verfügung. Zu jeder Stunde und jeden Tag. Jungen, alten, reichen und armen Menschen – jeder kann auf diesem Weg das Glück finden."

„Wie?", fragte Anne. „Worin besteht das Geheimnis?"

Sie und Philipp beugten sich vor, so begierig waren sie auf die Antwort.

„Neugier!", sagte Leonardo.

„Neugier?", wiederholte Philipp. Er war neugierig, sehr sogar.

„Fragen stellen. Immer versuchen, etwas Neues zu lernen. Fragen: Wieso? Wann? Wo? Was? Sagen: Ich möchte wissen, was das bedeutet! Oder: Wie das wohl funktioniert? Wie dieser Mensch wohl ist? Oder der dort, oder jener! Ich suche ständig nach Lösungen für Dinge, die ich nicht verstehe."

„Ich auch!", rief Philipp.

„Und deswegen freue ich mich auf jeden neuen Tag, auf jeden Frühling und Sommer und Herbst und Winter, und auf jeden Monat und jedes Jahr, das vor mir liegt, weil es noch so vieles zu entdecken gibt", sagte Leonardo.

„Ich auch!", rief Anne.

„Durch meine Neugier vergesse ich meine Niederlagen und Sorgen und fühle mich oft richtig glücklich",

erzählte Leonardo. Er schaute hoch
zum Himmel. „Ich würde zum Beispiel
zu gerne wissen, wie sie die Kuppel
des Doms gebaut haben."

„Ich auch", sagte Philipp.

„Und ich möchte gerne wissen, wieso
die Wolken ihre Form verändern!", rief
Anne.

„Oder … wieso das Brot außen so
knusprig und innen weich ist?", überlegte
Philipp.

„Gibt es wirklich nur zehn Nasenformen?", fragte Anne.

„Wie viele unterschiedliche Ohren-
formen gibt es?", rätselte Philipp. „Und
wie viele verschiedene Füße?"

„Oder Hände!", rief Anne.

„Oder Augenbrauen!", ergänzte Philipp. Ihre Stimmen überschlugen sich fast, als sie immer neue Fragen stellten: „Wer läutet die Glocken im Turm?"

„Wieso ist der Himmel blau?"

„Wo schlafen die Vögel in der Stadt?"

„Und wieso will Lisa nicht für Leonardo lächeln?", rief Anne.

Philipp und Leonardo starrten Anne an, dann wandten sich alle drei Lisa zu. Philipp hatte schon völlig vergessen, dass sie auf dem Hocker vor der Staffelei saß.

Die stille schöne Frau blinzelte.

„Was?", fragte sie. „Was hast du gerade gesagt?"

„Wieso wollen Sie nicht für Leonardo lächeln, Lisa?", wiederholte Anne.

„Sind Sie böse auf ihn, weil Sie schon seit drei Jahren für ihn Modell sitzen müssen?"

Lisa wurde rot und musste gegen Tränen ankämpfen. Sie schüttelte den Kopf.

„Dann gibt es einen anderen Grund?",
fragte Anne leise.
Lisa schaute Leonardo an und er
erwiderte ihren Blick. „Ja", flüsterte sie,
„den gibt es."
„Und welchen?", erkundigte Anne sich.
„Ich habe Angst zu lächeln", gestand
Lisa. Sie ließ Leonardo nicht aus den
Augen, obwohl sie zu Anne sprach.
„Denn wenn ich lächle, wird Leonardo
mein Lächeln malen und dann ist er
fertig mit dem Bild. Er wird es an meine
Familie verkaufen und nie wieder an
mich denken."
Einen Augenblick schwiegen alle.
Philipp und Anne schauten Leonardo
an. „Anne", flüsterte Leonardo schließlich,
„bitte sage Lisa, dass ich das Bild
natürlich fertig malen will. Aber dass
ich es nicht an ihre Familie verkaufen
werde. Ich werde es mitnehmen, wo
auch immer ich hingehe, und mich für
den Rest meines Lebens niemals mehr
davon trennen – und ich werde sie
niemals vergessen!"

„Lisa, Leonardo hat gesagt, äh …
dass …", begann Anne.

Doch Lisa unterbrach sie. „Ich
habe es gehört", sagte sie leise.
Dann lächelte sie. Es war nur ein
ganz zaghaftes Lächeln, aber zugleich
geheimnisvoll und wunderschön. Ihr
Gesicht leuchtete im goldenen Licht
des Spätnachmittags.

„Ah!", rief Leonardo plötzlich.
„Bleib so. Nicht aufhören, so zu
lächeln!" Er sah Lisa unverwandt an
und tauchte seinen Pinsel in die Farbe.
„Bitte, behalte dieses Lächeln,
Mona Lisa!"

„Mona Lisa?", dachte Philipp. „Den
Namen habe ich doch schon irgendwo
gehört."

Lisa lächelte und Leonardo malte.

„Hörst du das?", fragte Anne ihren Bruder.

Philipp horchte. Er hörte einen Vogel pfeifen und trillern. Es war ein unscheinbarer brauner Vogel, der auf dem Dach saß und sang.

„Sieht aus wie der Vogel, den du freigelassen hast", meinte Philipp.

„Das ist der Vogel", flüsterte Anne.

„Es ist eine Nachtigall", sagte Leonardo, ohne die Augen von Lisa abzuwenden. „Eine wunderbare Sängerin, nicht wahr?"

Anne lächelte Philipp zu. „Zeit zu gehen", meinte sie. „In Morgans Gedicht heißt es ... *dem Meister hilf den ganzen Tag. Von morgens, bis die Sonne sinkt und der Vogel sein Abendlied anstimmt.*"

„Du hast recht." Philipp seufzte. „Auf Wiedersehen, Leonardo."

Leonardo schien ihn gar nicht zu hören.

„Auf Wiedersehen, Lisa", sagte Anne.

Lisa sah Anne und Philipp an
und flüsterte: „Auf Wiedersehen."
Da drehte auch Leonardo sich
zu ihnen um und sagte: „Ja, auf
Wiedersehen, meine Freunde. Bitte
kommt bald wieder. Ihr wart mir
wirklich eine sehr große Hilfe
heute."
„Sie haben uns auch sehr geholfen",
erwiderte Anne.
Leonardo verbeugte sich leicht
vor ihnen und wandte sich dann
wieder seiner Arbeit zu. Während er
Lisas Lächeln malte, sang die Nachtigall
immer weiter. Das Lied des Vogels
wurde lauter und lauter, als ob er
in ganz Florenz gehört werden wollte.

Fragen

Es dämmerte schon, als Anne und
Philipp hinaus auf die Straße traten.
„Wo ist eigentlich der Baum mit dem
Baumhaus?", fragte Anne.
„Irgendwo auf der anderen Seite der
Brücke, oberhalb der großen Kuppel-
Kirche", antwortete Philipp.
Sie behielten die große Kuppel im
Blick, während sie durch die Straßen
von Florenz wanderten. Als sie zum Dom
kamen, war der Platz davor menschenleer.
Die großen Türen der Kirche standen
offen und die Geschwister sahen,
dass drinnen Kerzen brannten.
Philipp und Anne gingen weiter
und kamen zum Marktplatz. Alle Zelte
und Stände waren schon geschlossen und
die Waren zusammengepackt. Niemand
war zu sehen.
Philipp und Anne liefen den gleichen
Weg zurück, den sie am Morgen
gekommen waren. Die Läden in den

engen Gassen waren jetzt nicht mehr geöffnet. Sie gingen über die Brücke und dann den Fluss entlang. Unterwegs kamen sie an Häusern vorüber, aus deren Schornsteinen Rauch in den dunklen Himmel stieg.

Schließlich erreichten die Geschwister die Hecke, hinter der der hohe Baum stand, in dem das Baumhaus verborgen war. Im diesigen Dämmerlicht kletterten sie die Strickleiter hoch.

„Ehe wir uns nach Hause wünschen, möchte ich noch etwas nachschauen", sagte Philipp. Er holte das Leonardo-Buch aus seiner Tasche, suchte im Stichwortverzeichnis nach „Mona Lisa" und schlug die entsprechende Seite auf.

„Hey, sieh doch, das ist ja Lisa!",
rief Anne. Philipp und Anne schauten
sich die Abbildung von Leonardos
Gemälde an. Es sah ganz genauso
aus wie eben noch in seinem Hof –
nur dass das Lächeln auf Lisas Gesicht
fertig gemalt war. Es war das gleiche
Lächeln, das sie in Wirklichkeit gesehen
hatten. Philipp las vor, was unter der
Abbildung stand:

Leonardos Gemälde von Mona Lisa ist wahrscheinlich das berühmteste Gemälde der Welt. Man nimmt an, dass es ein Porträt von Lisa del Gioconda ist. (Das italienische Wort *Mona* bedeutet so viel wie *meine Dame*.)

Leonardo da Vinci hat das Bild von Lisa niemals verkauft, sondern es sein Leben lang behalten und überall mit hingenommen.

Philipp schlug das Buch zu. „Er hat sein
Versprechen gehalten!"
„Ich wusste, dass er es nicht brechen
würde", sagte Anne. Sie seufzte. „Tschüss,
Leonardo", flüsterte sie. Dann nahm sie

das Gedicht von Morgan in die Hand, deutete auf die Worte „Pepper Hill" und sagte: „Ich wünschte, wir wären dort!"

Wind kam auf.

Das Baumhaus fing an, sich zu drehen.

Es drehte sich schneller und immer schneller.

Dann war alles wieder still.

Totenstill.

Durch die Fenster des Baumhauses fiel helles Sonnenlicht. Solange Anne und Philipp mit dem Baumhaus verreist waren, war in Pepper Hill die Zeit stehen geblieben. Die Schulglocke läutete immer noch – das bedeutete, dass in zehn Minuten der Unterricht anfing. Philipp und Anne trugen wieder ihre Schulkleidung und Philipps Leinentasche hatte sich in seinen Rucksack zurückverwandelt.

„Wir müssen uns beeilen!", drängte Anne.

„Ich weiß", sagte Philipp und machte
seinen Rucksack auf. Er freute sich, als
er den Dianthus-Zauberstab darin sah.
Als er das Leonardo-Buch herausholte,
fiel ein Blatt Papier auf den Boden:
die Skizze von Leonardos Engel.
„Oh, das hatte ich ja völlig vergessen!",
rief Philipp. Die Geschwister betrachteten
die Zeichnung.
„Man sieht sofort, dass er ein sehr
guter Zeichner ist", fand Anne.
„Stimmt, und die Skizze erinnert uns
an Leonardos Geheimnis des Glücks",
meinte Philipp.
„Alles hat seine Neugier geweckt",
sagte Anne. „Engel, Nasen, Vögel …"

„… Federn, Blumen, Wölfe, Spinnen …",
zählte Philipp weiter auf.

„Licht und Schatten", ergänzte Anne.

„Glocken, Wolken, der Mond …",
sagte Philipp.

„Und jedes Mal, wenn er wegen
irgendetwas traurig war, machte seine
Neugier ihn wieder froh", fasste Anne
zusammen.

Philipp steckte das Engel-Bild
vorsichtig wieder in seinen Rucksack.
„Los", sagte er, „sonst kommen wir zu
spät zur Schule." Philipp kletterte die
Strickleiter nach unten und Anne kletterte
hinterher.

Die Geschwister gingen zusammen durch den sonnenhellen Wald. „Wie das neue Schuljahr wohl wird?", überlegte Anne laut.

„Und wo ich wohl sitzen werde?", murmelte Philipp. „Am Fenster oder in der Nähe der Tür?"

„Ob Sandy und Jenny in diesem Jahr wohl auch wieder mit mir Sport haben?", rätselte Anne.

„Und ob Paul wohl wieder mein Tischnachbar ist?", fragte Philipp.

„Was ist eigentlich mit Johannes? Geht ihr wieder zusammen in die Kunst-AG?", wollte Anne wissen.

„Hoffentlich", meinte Philipp.

„Wer wohl die neue Bibliothekarin ist? Und wie die neue Musiklehrerin sein mag?"

„Hm, und was die wohl für Nasen haben?", fragte Anne.

Philipp lachte. All diese Fragen über die Schule machten ihn auf einmal gar nicht mehr nervös. Jetzt war er nur noch auf die Antworten gespannt. Er ging schneller. „Und wie lange wir wohl bis zur Schule brauchen, wenn wir richtig schnell gehen?", fragte er.

„Und wenn wir rennen?", meinte Anne.

Sie rannten los.

Der Wind wehte durch die Zweige der Bäume, Blätter segelten durch die Luft und auf den Ästen sangen die Vögel im sonnigen Montag-Morgen-Wald von Pepper Hill.

Für Liza Fosburgh

Forscherhandbuch
Leonardo da Vinci

Leonardo da Vinci
und seine Welt

Leonardo da Vinci war einer der größten Künstler aller Zeiten. Außerdem war dieser kluge Mann auch noch Wissenschaftler und Erfinder! Obwohl er schon seit mehr als 500 Jahren tot ist, bewundern wir noch heute seine Werke.

Leonardo wurde am 15. April 1452 in einem kleinen Dorf namens Vinci mitten in Italien geboren. Sein Name bedeutet „Leonardo aus Vinci".

Leonardos Großvater schrieb das Geburtsdatum seines Enkels in ein Notizbuch. Man kann es sich noch heute in einer italienischen Bibliothek anschauen. Leider weiß man sehr wenig über Leonardos Kindheit. Es heißt, dass er sich schon früh für das Malen und Zeichnen interessierte. Vielleicht malte er Pflanzen und Tiere, die er aus seiner Heimat kannte. Er interessierte sich auch für Musik und lernte die Lyra zu spielen, das ist ein antikes Saiteninstrument.

Leonardos Notizbücher

Leonardo begann seine Notizbücher und Tagebücher aufzubewahren, als er 30 war.

Leonardos Freunde und Bekannte haben viele Geschichten über ihn aufgeschrieben. Vieles kann man auch in seinen Notizbüchern nachlesen. Deshalb weiß man heute sehr genau, wie er gelebt und gearbeitet hat.

Wenn Leonardo unterwegs war,
trug er immer ein Notizbuch bei sich.

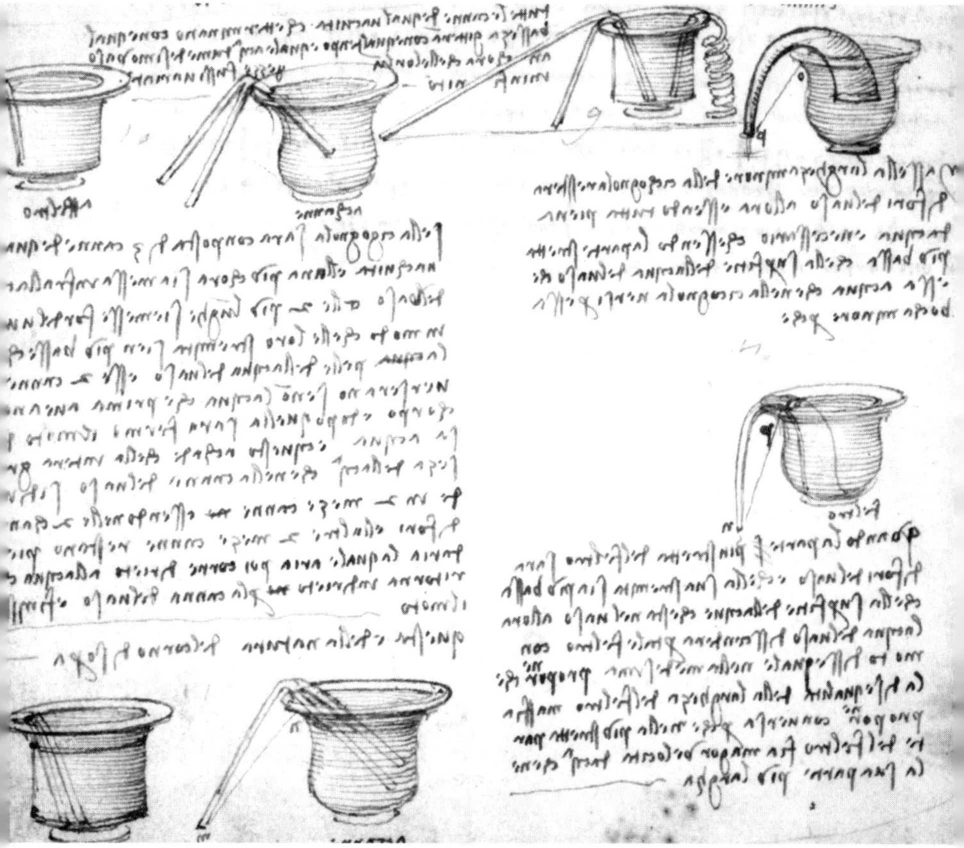

Es sind 25 Notizbücher
mit über 7 000 Seiten erhalten.

„Halte die Augen offen, beobachte aufmerksam, was um dich herum passiert", sagte er.

Leonardo machte sich Notizen und zeichnete unzählige Skizzen. Aus diesen Ideen entstanden später seine Kunstwerke und Erfindungen.

Nach seinem Tod gingen die Notizbücher größtenteils verloren. Deshalb sind viele der heute nachlesbaren Aufzeichnungen Kopien von Menschen, die nach Leonardo gelebt haben.

Ein berühmter Kunstexperte sagte einmal, dass Leonardo da Vinci der neugierigste Mensch auf Erden gewesen sei. Er interessierte sich einfach für alles. Er machte sich sogar Gedanken über ganz kleine Dinge, zum Beispiel darüber, wie die Zunge des Spechts funktioniert oder warum Menschen niesen müssen.

Der kleine Leonardo und der Rotmilan

Leonardo schrieb, dass er sich noch
daran erinnerte, wie er als Baby in
der Wiege gelegen hatte. Da sei ein

Rotmilan zu ihm herabgestoßen und habe seine Lippen mit dem Schwanz berührt.

Ein <u>Rotmilan</u> ist ein Greifvogel aus der Familie der Habichte und Adler.

Leonardo war sich nicht sicher, ob das wirklich passiert war. Aber nach diesem Erlebnis interessierte er sich für alles, was fliegen kann. Sein ganzes Leben lang zeichnete er Vögel, besonders ihre Flügel. Er wollte herausfinden, wie sie funktionieren, um selbst eine Flugmaschine zu bauen. Er glaubte, dass auch die Menschen eines Tages fliegen können, genau wie die Vögel.

Die Renaissance

Leonardo lebte in einer Zeit, die man *Renaissance* nennt. Sie begann im 14. Jahrhundert und dauerte ungefähr 300 Jahre. Angefangen hat die Renaissance in Italien, danach breitete sie sich über ganz Europa aus.

Renaissance ist französisch und heißt „Wiedergeburt".

In der Renaissance entdeckte man die Kultur der alten Griechen und Römer wieder neu, genau wie deren Architektur und Literatur. Plötzlich wollte man alles über die Wissenschaften, die Bauwerke, die Kunst und die Musik der Antike wissen.

In ganz Europa entstanden Universitäten, Krankenhäuser und Bibliotheken.

Das Ospedale degli Innocenti, ein Haus
für Findelkinder in Florenz, zeigt deutlich
den Einfluss der antiken Architektur.

In der Renaissance entstanden viele wichtige Bauwerke. Viele sahen aus, als stammten sie aus dem alten Griechenland oder dem alten Rom.

Mäzene

Viele reiche und mächtige Menschen interessierten sich für die Kunst. Sie unterstützten die besten Maler, Dichter, Musiker und Handwerker und ließen sie für sich arbeiten. Diese reichen Leute nennt man *Mäzene*.

Manche Künstler arbeiteten viele Jahre für den gleichen Mäzen. Durch ihn bekamen sie Aufträge und verdienten Geld.

Florenz

Das Dorf Vinci liegt in der Nähe von Florenz. Diese Stadt war in der Renaissance das geistige Zentrum Italiens.

Lorenzo de Medici war ein
reicher Kunstmäzen aus Florenz.

Schon als Jugendlicher zog Leonardo
mit seiner Familie nach Florenz –
natürlich der perfekte Wohnort für ein
Genie wie ihn.

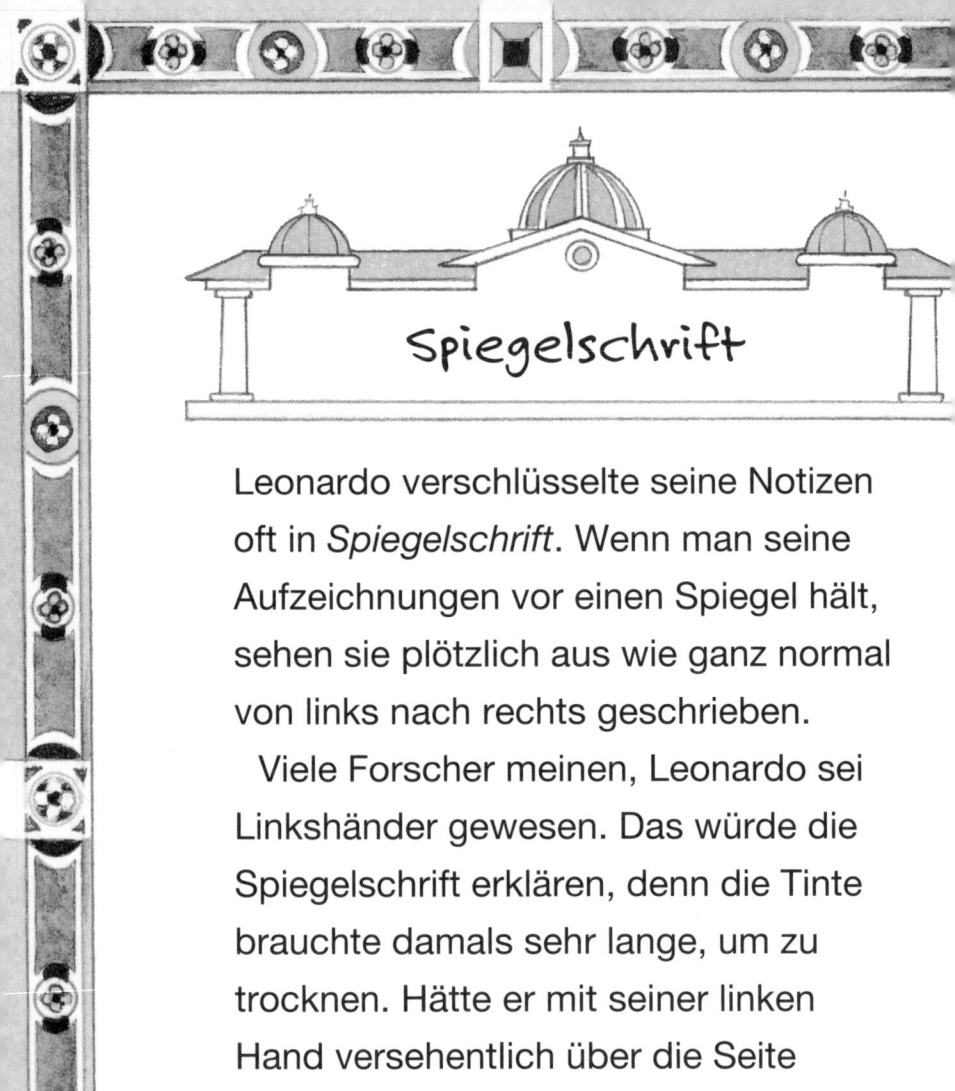

Spiegelschrift

Leonardo verschlüsselte seine Notizen oft in *Spiegelschrift*. Wenn man seine Aufzeichnungen vor einen Spiegel hält, sehen sie plötzlich aus wie ganz normal von links nach rechts geschrieben. Viele Forscher meinen, Leonardo sei Linkshänder gewesen. Das würde die Spiegelschrift erklären, denn die Tinte brauchte damals sehr lange, um zu trocknen. Hätte er mit seiner linken Hand versehentlich über die Seite gestrichen, wäre alles verschmiert gewesen. Wenn er Dinge aufschrieb, die für andere Menschen gedacht waren, schrieb er richtig herum.

2

Leonardo in Florenz

Anders als heute war Italien während der Renaissance noch kein richtiger Staat. Mächtige Städte hatten ihre eigene Regierung und ihre eigenen Gesetze. Manchmal führten die Städte sogar Krieg gegeneinander.

Florenz war berühmt für den Handel mit Wolle und Seide und seine großen Banken. Damals lebten dort über 50 000 Menschen. Es gab mehr als 100 Kirchen und 50 öffentliche Plätze.

Die Stadtmauer war über elf Kilometer lang.

Mächtige Familien wie die Medici erbauten prächtige Wohnhäuser, die *Palazzi*. Sie ließen diese Häuser von Handwerkern und Künstlern mit kostbaren Möbeln und Kunstwerken ausstatten.

 Dieses Haus der Medici ist mit prächtigen Wand- und Deckenmalereien geschmückt.

Die wichtigste Kirche in einer Stadt
nannte man <u>Kathedrale</u>.

Der *Duomo*, der Dom von Florenz, ist mehr als 100 Meter hoch. Die leuchtend roten Dächer der Kathedrale konnte man damals schon von Weitem sehen. Wenn ein Bewohner von Florenz seine Heimatstadt verlassen musste, vermisste er schon bald ihren herrlichen Anblick.

143

Das Herz der Stadt

Der Markt war das Herz der Stadt. Der gepflasterte Platz befand sich im ältesten Teil von Florenz. Hier konnte man alles Mögliche kaufen und verkaufen. Auf dem Markt gab es immer viel zu sehen, zu riechen und zu hören. Händler priesen ihre Waren an, Männer ritten zwischen den Ständen hindurch und verkündeten,

was es Neues gab. Man schrie und lachte, man verhandelte über Preise und traf Freunde und Bekannte. Die Luft war erfüllt von Gerüchen verschiedener Blumen, Gewürze, Brote und anderer Speisen. Tausende Menschen drängelten sich an den Ständen, um Kleidung, Küchengeräte und Lebensmittel zu kaufen.

Leonardo liebte Tiere. Die längste Zeit seines Lebens war er Vegetarier. Man sagt, er habe oft in Käfige eingesperrte Vögel auf dem Markt gekauft und sie dann freigelassen.

 Leonardo zeichnete Katzen in vielerlei Körperhaltungen.

Zu Hause

In den Städten wohnten die meisten
Menschen in den oberen Stockwerken
von Geschäftshäusern entlang der belebten Straßen. Die Wohnungen waren
häufig eng und dunkel.
Manchmal drängte sich eine ganze
Familie in einem einzigen Raum. Möbel
gab es kaum. Statt Glasscheiben hängte
man Ölpapier vor die Fenster. Manche
der alten Gebäude hatten keinen Kamin,
der Rauch musste durch ein Loch im
Dach entweichen.

Gilden

Handwerker, Künstler, Kaufleute und
Händler waren in *Gilden* zusammenge-
schlossen. Menschen mit dem gleichen
Beruf bildeten jeweils eine eigene Gilde.
Jede Gilde hatte ihre eigenen Vorschrif-

In Florenz
gab es über
20 verschie-
dene Gilden.

147

ten, die von allen Mitgliedern eingehalten werden mussten. Die Werkstätten der Mitglieder waren in der ganzen Stadt verteilt. Es gab Gilden für Wolle- und Seidenarbeiter, Schreiner, Bankiers, sogar für Käseverkäufer und Metzger. Künstler hatten keine eigene Gilde. Sie waren der Gilde der Ärzte und Apotheker angeschlossen. Von den Apothekern kauften die Künstler verschiedene Pulver, um damit Farben herzustellen.

Apotheker mischten und verkauften auch Medizin.

Leonardo, der Lehrling

Leonardo zeichnete seit seiner Kindheit. Sein Vater wusste, dass Leonardo großes Talent hatte. Deshalb brachte er einige seiner Zeichnungen zu einem berühmten Künstler namens Verrocchio. Dieser willigte ein, Leonardo zu seinem *Lehrling* zu machen.

Ein Lehrling arbeitet bei einem Meister, um ein Handwerk zu erlernen.

Lehrlinge begannen damals mit 14 Jahren ihre Ausbildung. Wissenschaftler gehen aber davon aus, dass Leonardo schon 16 war, als er zu Verrocchio kam.

Leonardo lernte von Verrocchio, wie man Silber, Marmor, Bronze und Holz bearbeitet. Er lernte sogar, wie man Glocken und Musikinstrumente herstellt.

Unfair! Mädchen durften keine Lehrlinge werden!

Pigment ist ein Farbpulver aus getrockneten Pflanzen oder Mineralien.

Verrocchio zeigte Leonardo, wie man richtig malt. Damals benutzten fast alle Maler *Tempera*. Tempera sind Farben, deren *Pigmente* mit Eigelb vermischt werden. Verrocchio brachte Leonardo auch bei, mit Ölfarbe zu arbeiten, was zu dieser Zeit eine ganz neue Technik war.

Bei der Ölmalerei werden die Pigmente mit Öl statt mit Eigelb vermischt. Ölbilder brauchen sehr lange, bis sie trocken sind. Die Farben sind intensiv und leuchtend und lassen sich gut mischen.

Leonardos erste Malversuche

Wenn die Lehrlinge genug Erfahrung gesammelt hatten, durften sie mit ihrem Meister zusammenarbeiten. Experten glauben, dass Leonardo den linken Engel und den Hintergrund auf Verrocchios Gemälde *Die Taufe Christi* gemalt hat.

Als Verrocchio Leonardos Arbeit sah, so wird erzählt, habe er erkannt, dass sein Lehrling besser war als er selbst. Es heißt, er habe nie wieder einen Pinsel angerührt.

Die Taufe Christi

Leonardos Engel

Leonardos Werkstatt

Im Alter von 20 Jahren hatte Leonardo seine Lehrzeit bei Verrocchio abgeschlossen. Jetzt wollte er auf eigenen Füßen stehen. Er wurde Mitglied einer Gilde und eröffnete eine eigene Werkstatt. Sehr schnell verbreitete sich sein

Als junger Mann zeichnete Leonardo dieses Porträt eines Soldaten.

Ruf als hervorragender Künstler und er bekam viele Aufträge.

Leonardo hatte sehr viel zu tun. Er war gutaussehend, beliebt und amüsant und kochte gerne für seine Freunde.

Herzog Sforza in Mailand

Nach zehn Jahren selbstständiger Arbeit brauchte Leonardo einen reichen Mäzen. Er schrieb an Herzog Sforza, den Herrscher von Mailand. Er betonte, dass er nicht nur Maler, sondern auch ein begabter Erfinder und Ingenieur sei. Das machte Eindruck und der Herzog stellte ihn ein. Leonardo verließ Florenz und zog nach Mailand.

Dort blieb er 17 Jahre lang und schuf einige seiner berühmtesten Werke. Aber er konnte Florenz nicht vergessen und kehrte oft dorthin zurück.

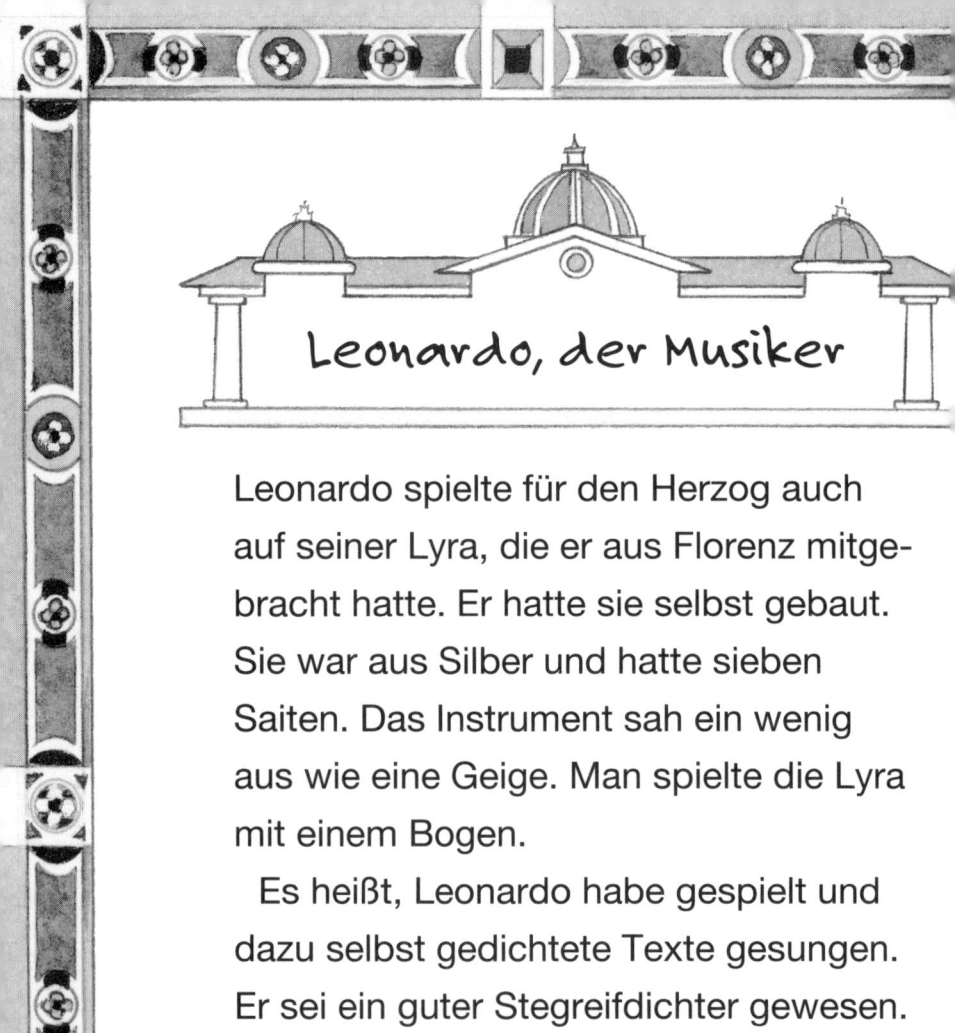

Leonardo, der Musiker

Leonardo spielte für den Herzog auch auf seiner Lyra, die er aus Florenz mitgebracht hatte. Er hatte sie selbst gebaut. Sie war aus Silber und hatte sieben Saiten. Das Instrument sah ein wenig aus wie eine Geige. Man spielte die Lyra mit einem Bogen.

Es heißt, Leonardo habe gespielt und dazu selbst gedichtete Texte gesungen. Er sei ein guter Stegreifdichter gewesen. Wahrscheinlich komponierte er auch selbst, aber keines seiner Stücke ist erhalten geblieben.

3

Leonardo, der Träumer

In seinem Brief an den Herzog hatte
Leonardo behauptet, er könne leichte
und doch stabile Brücken konstruieren.
Außerdem sei er in der Lage, Entwässe-
rungsgräben und Kanäle zu bauen, Kriegs-
schiffe zu schützen, Festungen zu zer-
stören und sogar Panzerwagen zu bauen!

In seinen Notizbüchern findet man Hunderte von Skizzen und Ideen für techni-
sche Erfindungen. Die meisten wurden
jedoch nie gebaut. In der damaligen Zeit
hatte man einfach nicht die richtigen

157

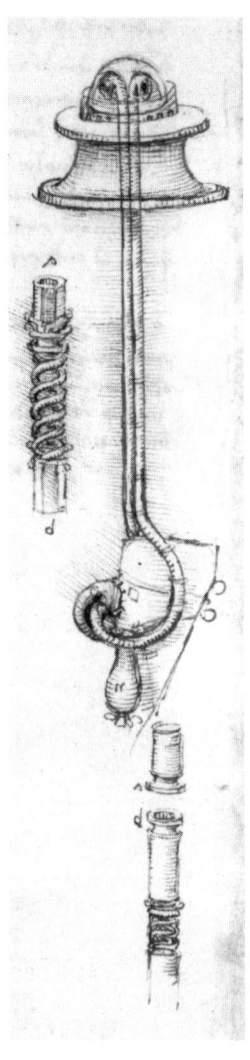

Werkzeuge und das nötige Geld dazu. Es gab zum Beispiel noch keine Elektrizität. Maschinen konnten nur durch Menschen- oder Pferdekraft angetrieben werden.

Leonardo hatte große Pläne zum Bau von Flugmaschinen, Kanälen, Gebäuden und Brücken. Aber er dachte auch über kleinere Dinge nach, wie über Kontaktlinsen, Schuhe, mit denen man übers Wasser laufen kann, Taucheranzüge und Rettungsringe.

Dies ist eine Skizze Leonardos für ein Gerät, mit dem man unter Wasser atmen kann.

Die meisten Menschen hatten über solche Dinge noch nie nachgedacht. Leonardo war ein Träumer, der seiner Zeit weit voraus war. Er machte sich Gedanken, wie etwas funktionieren könnte, und brachte seine Ideen zu Papier.

Panzerwagen

Leonardo versprach dem Herzog, er könne ein unzerstörbares Fahrzeug konstruieren. Seine Pläne ähneln einem Panzer.

Hier eine Skizze von Leonardos Panzerwagen im Vergleich zu einem modernen Panzer.

Nach Leonardos Idee sollten acht Männer im Inneren des Wagens an Kurbeln drehen, die mit den Rädern verbunden waren. An den Seiten sollte es Schlitze geben, durch die Soldaten ihre Waffen abfeuern können.

Eine Zeit lang dachte Leonardo, man könnte Pferde die Kurbeln drehen lassen. Er ließ die Idee aber wieder fallen, da dies zu beängstigend für die Tiere sei.

Auch wenn Leonardo Kriegsmaschinen erfand, hasste er den Krieg. Für ihn war Krieg ein „bestialischer Wahnsinn".

Auch wenn Leonardos Panzer hätte gebaut werden können, wäre es zu schwer gewesen, ihn fortzubewegen.

Heute sind Panzer beim Militär ganz normal. Es gibt sie seit 1912 – fast 400 Jahre nach Leonardos Tod.

Schiffe und U-Boote

Leonardo entwarf ein Boot mit doppelschichtigen Wänden. Heute nennt man das ein Doppelhüllenboot. Wenn eine Kanonenkugel die erste Schicht durchbrochen hätte, hätte die zweite Schicht immer noch das Wasser abhalten und das Boot vor dem Sinken bewahren können. Leonardos Idee war genial, man nutzt sie bis heute. Aus Sicherheitsgründen haben alle modernen Passagierschiffe doppelte Außenwände.

Leonardo zeichnete auch Pläne für ein Einmann-U-Boot, das allerdings nur kurze Zeit unter Wasser bleiben konnte. Es sollte sich vermutlich an andere Schiffe heranschleichen und sie rammen.

Erst seit dem 20. Jahrhundert werden U-Boote im Seekrieg eingesetzt. Heute können sie tagelang unter Wasser bleiben, ohne aufzutauchen. Die Italiener tauften eines ihrer U-Boote „Leonardo da Vinci", zu Ehren des großen Erfinders.

 Das ist das Modell eines Schaufelrad-
schiffes nach den Zeichnungen Leonardos.

Kriegswaffen

Leonardo erfand viele Waffen für seinen

Auftraggeber: zum Beispiel eine Kano-

ne, die Kugeln über 3 000 Meter weit

feuern konnte!

Leonardo
erfand auch
ein riesiges
Katapult und
eine doppel-
läufige
Kanone.

Außerdem entwarf Leonardo neue
Armbrusttypen.

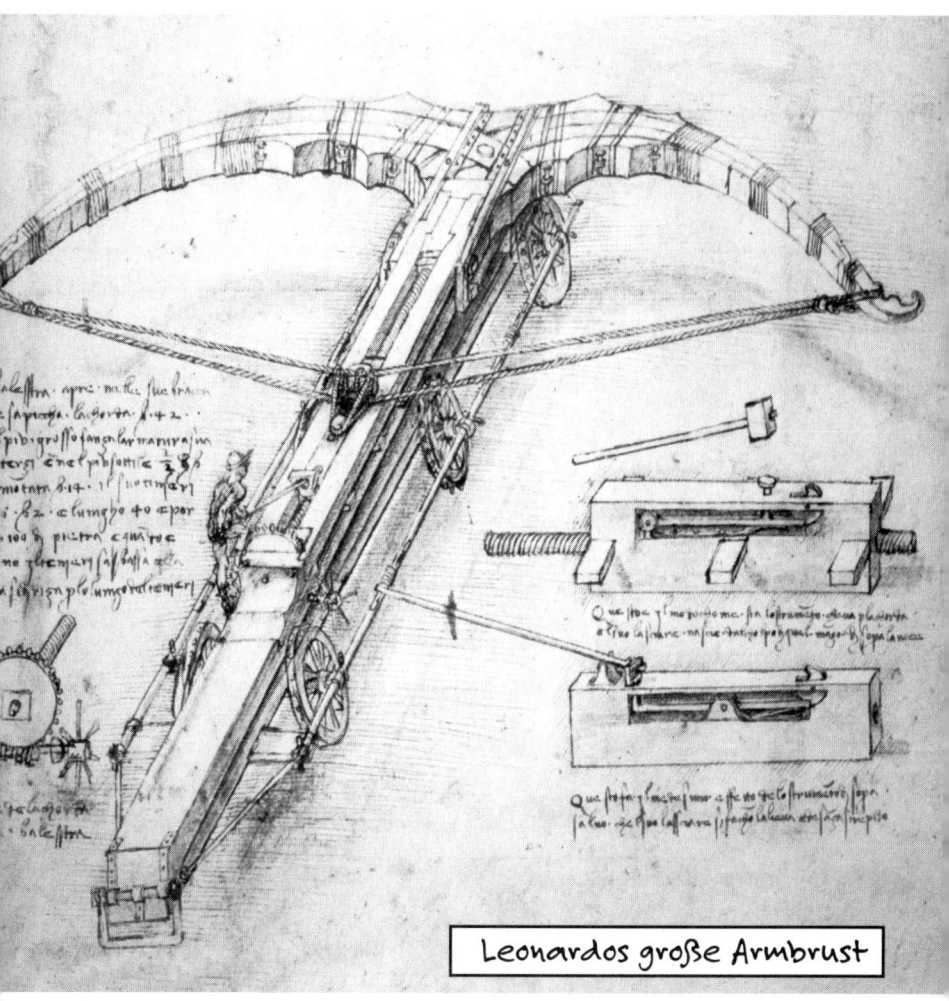

Leonardos große Armbrust

Eine Armbrust ist eine bogenähnliche Waffe, die mit speziellen Pfeilen bestückt ist, die Bolzen heißen. Zu Leonardos Zeiten gab es Armbrüste, die von drei Männern gespannt werden mussten und ihr Ziel auch in 400 Meter Entfernung noch erreichten. Leonardo hatte Pläne für eine riesige Armbrust, die aber nie gebaut wurde. Obwohl sie so groß wie ein Sattelschlepper gewesen wäre, hätte ein Mann genügt, die Waffe abzufeuern. Leonardo hatte noch viele Ideen für weitere Waffen wie Maschinengewehre, Raketen und Granaten.

Leonardos Fallschirm

Leonardo fertigte eine Skizze eines pyramidenförmigen Fallschirms an. Er behauptete, mit seinem Fallschirm könne man aus jeder Höhe springen und sicher auf der Erde landen. Im Jahr 2000 wollte der englische Fallschirmspringer Adrian Nicholas das mal ausprobieren.

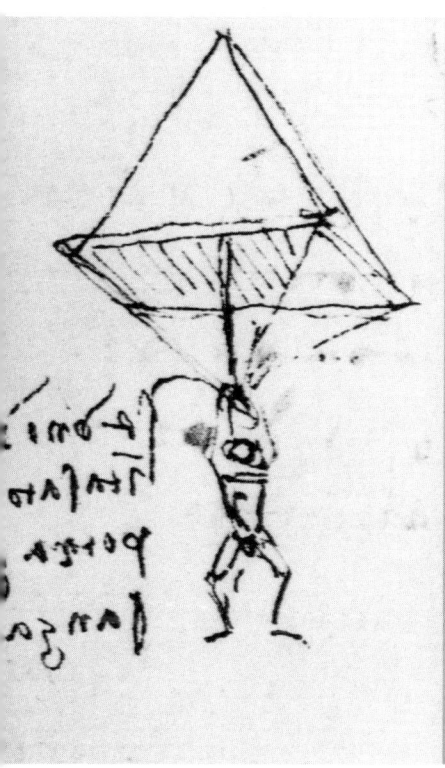

Adrian Nicholas fertigte einen Fallschirm nach Leonardos Skizzen an.

Er baute nach Leonardos Originalzeich-
nung den Fallschirm nach. Dann sprang
er von einem Heißluftballon aus 3000
Metern Höhe in die Tiefe. Und stellt euch
vor: Leonardo hatte recht! Adrian landete
sicher auf dem Boden.

Die Leonardo-Brücke

Im Jahr 1502 beauftragte der türkische Sultan Bayazet II. Leonardo mit dem Bau einer Brücke. Leonardo zeichnete ein außergewöhnliches Bauwerk, das der Sultan dann aber leider nicht bauen wollte.

Aber 500 Jahre später übernahm ein norwegischer Ingenieur Leonardos Idee.

Die Brücke steht in der norwegischen Stadt Aas und ist eine Fußgängerbrücke.

Er baute in Südnorwegen diese unglaubliche Brücke und nannte sie die „Leonardo-da-Vinci-Brücke".

Das Wort Ornithopter stammt aus dem Altgriechischen und bedeutet Vogel (ornitho) und Flügel (pteryg).

Leonardos Flugmaschinen

Leonardo zeichnete viele verschiedene Flugmaschinen. Eine davon nannte er *Ornithopter*. Der Pilot sollte auf einer hölzernen Plattform unter den Flügeln liegen. Seine Füße bedienten die Pedale, die an den Flügeln befestigt waren. Leonardo hoffte, dadurch würde genug Energie entwickelt, um das Flugzeug vom Boden abheben zu lassen.

Aber Leonardo war sich nicht ganz
sicher. Er schrieb in seinem Notizbuch,
man könnte den Ornithopter über einem
See ausprobieren. Für den Fall, dass
der Pilot ins Wasser fällt, sollte er zur
Sicherheit eine Schwimmweste tragen.

Es gab auch Pläne für Gleiter und
Zweimann-Ornithopter, bei denen jeder
Pilot einen Flügel bediente.

Leonardo fertigte auch Helikopter-Entwürfe an. Er dachte an eine große Schraube, die sich so schnell drehen sollte, dass sie vom Boden abhebt.

Leonardos Helikopter hatte wenig Ähnlichkeit mit den heutigen Modellen.

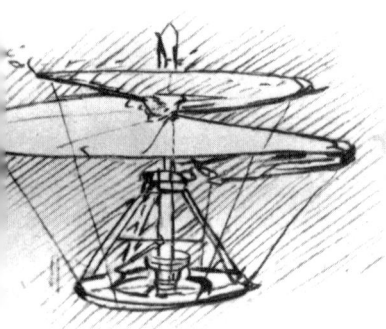 

Ist Leonardo jemals geflogen?

Niemand weiß genau, ob Leonardo jemals eine Maschine gebaut hat, mit der man wirklich fliegen konnte. Aber ein Eintrag in seinem Tagebuch machte die Forscher stutzig:

Der große Vogel wird seinen ersten Flug vom Monte Ceceri aus machen und die Welt wird staunen.

Der Monte Ceceri ist ein Berg in der Nähe von Leonardos Heimatstadt Florenz. War mit dem großen Vogel etwa eine Flugmaschine gemeint? Wollte Leonardo vielleicht sogar selbst fliegen?

Es gibt viele Geschichten über Leonardo, was er alles versuchte und was alles nicht klappte. Berühmt ist die Geschichte über seinen Lehrling, der eine Flugmaschine ausprobierte, aber eine Bruchlandung machte und sich das Bein brach. Doch Leonardo gab nicht auf. Er war zeit seines Lebens ein großer Träumer.

Wenn Menschen fliegen könnten, schrieb Leonardo, wäre das einfach wunderbar. Ihm würden die Welt und die Flugzeuge von heute bestimmt gefallen.

Der Schwarze Tod

Im 17. Jahrhundert trugen die Ärzte in Italien schnabelförmige Masken, die mit Kräutern gefüllt waren. Sie hofften, dadurch vor der Pest geschützt zu sein. Es ist nicht bekannt, ob solche Masken auch schon zu Leonardos Zeiten getragen wurden.

Als Leonardo in Mailand lebte, wütete eine furchtbare Seuche in der Stadt. Bevor die Menschen starben, bekamen sie überall am Körper schwarze Flecken. Man nannte diese Krankheit den „Schwazen Tod". Heute ist ihr Name *Beulenpest* Die Pest tötete ein Drittel aller Menschen die damals in Europa lebten.

Leonardo wusste, dass das Leben in Mailand nicht gesund war. Damals wimmelte es dort von Ratten und Flöhen. Mi Pest infizierte Flöhe bissen die Mensche und steckten sie an. Er entwarf eine Stadt der Zukunft, in der die Menschen sauberer und besser leben könnten.

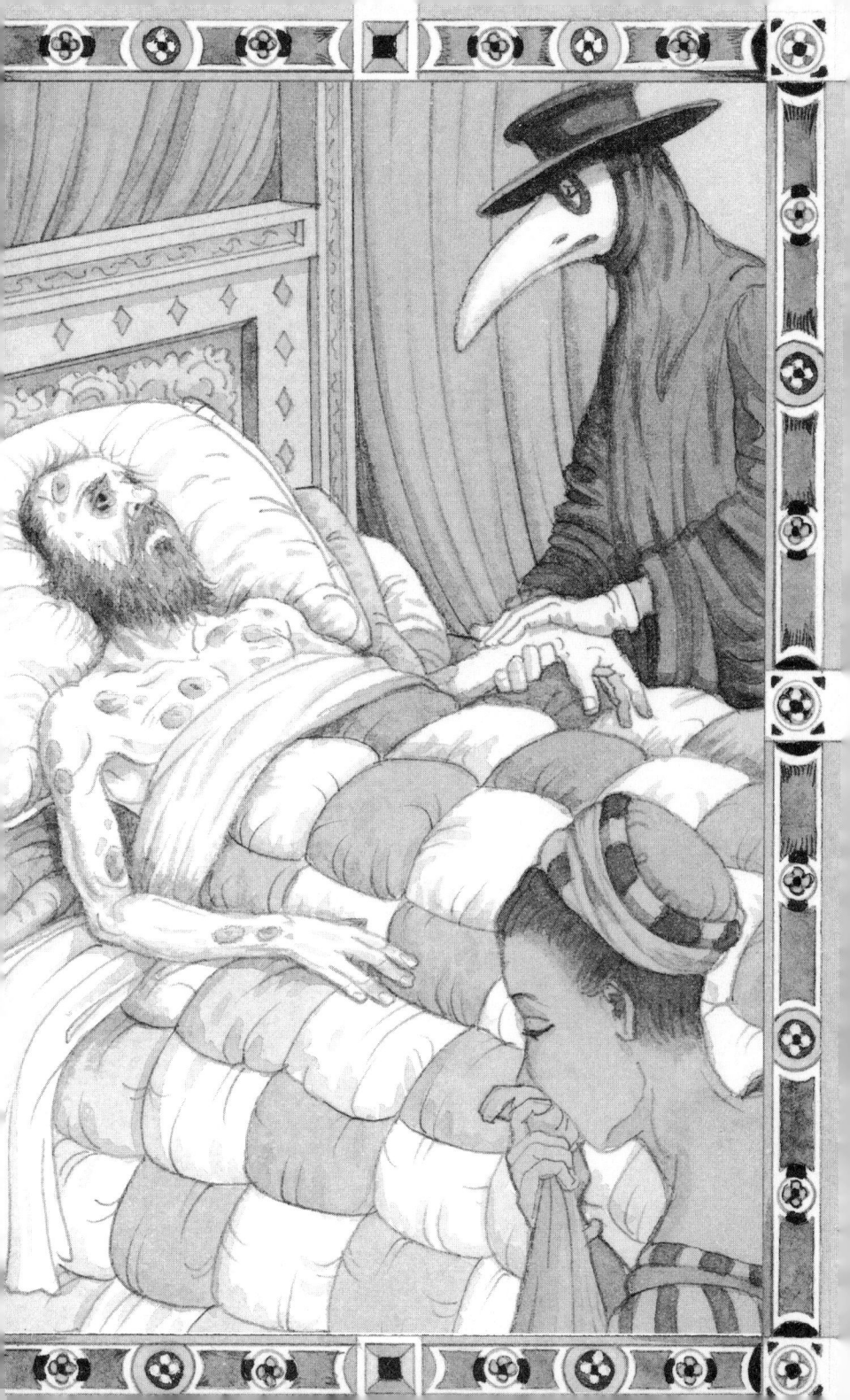

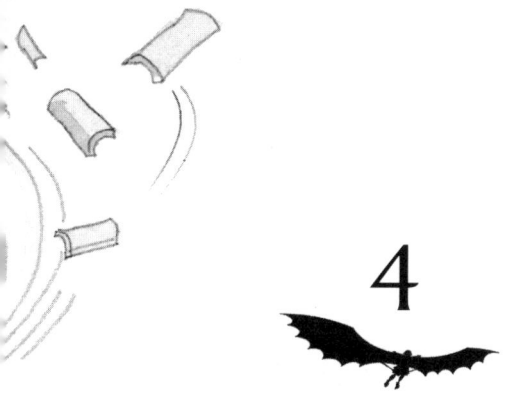

4

Leonardo, der Forscher

Leonardo machte sich über alles Mögliche Gedanken. Er untersuchte Gesteine und Fossilien, um zu erfahren, wie die Welt früher ausgesehen hatte. Er studierte die Fließbewegungen des Wassers und überlegte, wie Wasserkraft für den Antrieb von Maschinen genutzt werden könnte.

Leonardo schrieb auch über das Wetter. Wieso wirbelte ein Sturm Gegenstände durch die Luft und deckte Dächer ab? Er untersuchte Wolken, Blitze und den Regen. Er dachte sogar darüber nach, wie der Mond Ebbe und Flut beeinflusst.

In seiner Freizeit studierte Leonardo Mathematik und brachte sich selbst Latein bei.

Leonardo lernte freiwillig Mathe?!

Leonardo und der menschliche Körper

Leonardo wollte wissen, wie der menschliche Körper funktioniert: Was ist mit den Augen, dem Knochengerüst, den Muskeln? Wie wird das Blut durch den Körper gepumpt? Er untersuchte sein Leben lang die menschliche *Anatomie*. Es gab damals noch keine Röntgengeräte, mit denen man in den menschlichen Körper hineinsehen konnte.

Anatomie ist der innere Aufbau von Menschen, Tieren und Pflanzen.

Leonardo nahm oft an Vorlesungen über Anatomie in Universitäten und Krankenhäusern teil. Die Professoren *sezierten* dabei auch menschliche Körper, und das vor ihren Schülern. Leonardo hielt die Untersuchungen in Skizzen fest.

Sezieren bedeutet, ein Stück von einer Pflanze, einem toten Menschen oder einem toten Tier abzuschneiden, um es genau zu untersuchen.

Später sezierte Leonardo auch selbst. Damals war das verboten und man brauchte eine spezielle Genehmigung. Aber als Maler bekam Leonardo die Erlaubnis. Er untersuchte 30 verschiedene menschliche Körper, alte und junge.

Als Erstes interessierten ihn die Muskeln und Sehnen.

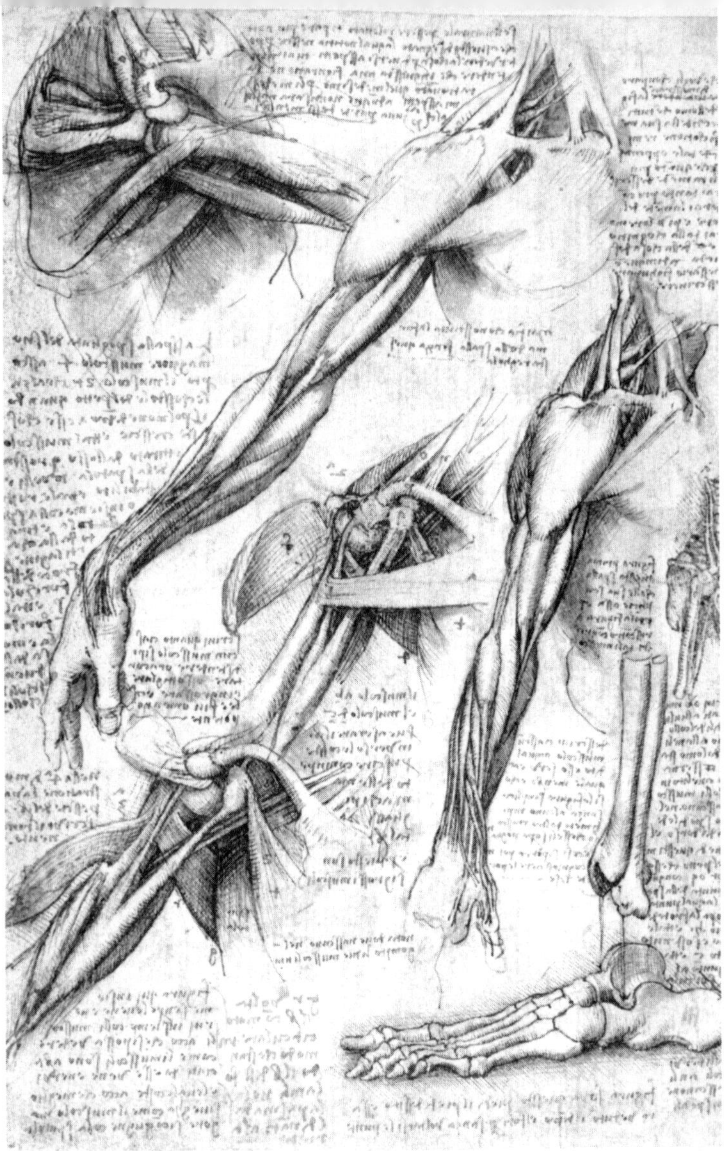

Diese Seite aus Leonardos Notizbuch
zeigt die Studie einer Schulter,
eines Arms und eines Fußes.

Als Nächstes kamen das Skelett, das
Herz und die Blutgefäße an die Reihe.
Leonardos Zeichnungen sind sehr genau.
Er wollte sie in einem Buch über die
menschliche Anatomie verwenden.

Leonardo gab uns einige Tipps,
wie man gesund lebt:

Regeln für ein gesundes Leben
Iss nur, wenn du hungrig bist.
Iss einfach, aber lecker.
Vermeide Ärger und stickige Luft!
Immer gut kauen.
Decke dich nachts gut zu.
Denk positiv und mach auch mal Pause.

Leonardo, der Botaniker

Leonardo interessierte sich sehr für die Natur. Er war ein guter *Botaniker*. Das ist ein Mensch, der sich gut mit Pflanzen auskennt. Leonardo machte herrliche

Das ist eine von Leonardos wunderschönen Blumenzeichnungen.

Zeichnungen von Blumen, Bäumen, Blättern und sogar von Getreidehalmen. Seine Zeichnungen waren sehr genau und zeigten die Pflanzen aus verschiedenen Blickwinkeln. Leider sind nur 13 seiner Blumenbilder erhalten geblieben.

Fossilien

Leonardo wusste, dass es in den Bergen Norditaliens viele Muscheln und sonstige Fossilien gab. Die meisten Leute glaubten, dass eine große Flut über die Berge gekommen sei und die Zeugnisse vergangenen Lebens zurückgelassen habe.

Leonardo glaubte nicht daran. Er meinte, bei einer Flut würde man die Fossilien nicht in verschiedenen Erdschichten finden. Außerdem müsste das abfließende Wasser die Fossilien mitgerissen haben.

Seiner Meinung nach war das Land ganz früher von einem riesigen Meer bedeckt gewesen. Die Fossilien hätten sich in mehreren Schichten auf dem Boden des Ozeans abgelagert. Als sich die Berge auftürmten, schoben sie die Fossilien zusammen. Heute weiß man, dass Leonardo völlig recht hatte.

Leonardo untersuchte auch die Fossilien von früheren Meerestieren.

„Augen auf!", sagte er immer. Leonardo ging sein ganzes Leben lang mit offenen Augen durch die Welt und hörte nie auf, über die Entwicklung der Welt nachzudenken.

Auf der nächsten Seite findest du Leonardos Selbstporträt!

Wie sah Leonardo aus?

Niemand weiß, wie Leonardo wirklich ausgesehen hat. Aber Forscher glauben, dass
die beiden folgenden Bilder ihn selbst
zeigen. Sie gehen außerdem davon aus,
dass Leonardo dem Maler Raffael für sein
Gemälde *Die Schule von Athen* Modell für
den Philosophen Platon gestanden hat.

Wahrscheinlich ein Selbstporträt

Der vitruvianische Mensch

Die Schule von Athen

Platon

5

Leonardo, der Künstler

In Leonardos Brief an Herzog Sforza
stand: „Es gibt nichts auf der Welt,
was ich nicht malen kann." Leonardo
verstand es meisterhaft, die Dinge im
Vordergrund des Bildes näher erschei-
nen zu lassen als die im Hintergrund.
Er verwendete natürlich aussehende
Farben und legte Wert auf kleinste
Details. Gesichter malte er in zarten
Pastelltönen. Ansonsten benutzte er
gerne kräftige leuchtende Farben.

Die Werkstatt in Mailand

Leonardo war der Ansicht, zu einer Künstlerwerkstatt gehörten Blumen, Musik und Ordnung.

Leonardo schrieb für seine Schüler ein Buch über das Zeichnen und Malen.

Leonardo bildete auch Lehrlinge aus. Man sagt, er sei ein strenger Lehrer gewesen. Erst im Alter von 20 Jahren durften seine Schüler richtig mit Farben malen. Vorher mussten sie zeichnen lernen.

Einer seiner Lieblingsschüler hatte den Spitznamen Salai, „das Teufelchen". Er kam mit zehn Jahren in Leonardos Werkstatt. Er wurde so genannt, weil er ein frecher Kerl und noch dazu ein Dieb

war. Mit dem Geld, das er für seine
Beute bekam, kaufte er sich Süßigkeiten.

Salai blieb viele Jahre bei Leonardo.
Als der Meister starb, hinterließ er sei-
nem Schüler ein kleines Haus, einen
Garten und einige berühmte Bilder.

Das riesengroße Pferd

Von Verrocchio hatte Leonardo gelernt,
wie man Bronzestatuen goss. Eines
Tages beauftragte ihn Herzog Sforza, ein
bronzenes Reiterstandbild zu entwerfen,
das größte in Italien. Der Herzog wollte
seinem Vater damit ein Denkmal setzen.

Das ist einer der vielen Entwürfe
für das Sforza-Monument.

Leonardo betrachtete viele Reiterstandbilder und zeichnete Pferde in den unterschiedlichsten Positionen.

Anfangs hatte er die Idee, dass sich das Pferd aufbäumen und nur auf den Hinterbeinen stehen sollte. Er sah aber schnell ein, dass dieses Vorhaben unmöglich war. Auf den Hinterbeinen des Pferdes würde zu viel Gewicht lasten.

Schließlich fertigte er mit seinen Lehrlingen ein Tonmodell eines tänzelnden Pferdes an. Das Modell war sieben Meter hoch, das ist etwa dreimal so groß wie ein richtiges Pferd. Als die Tonstatue vor dem Herzogspalast aufgestellt wurde, war die Menschenmenge begeistert.

Sieben Meter ist ungefähr so hoch wie vier aufeinanderstehende Männer.

Leonardo machte Pläne, wie das Monument in Bronze gegossen werden könnte. Aber genau in dieser Zeit wurde Mailand von den Franzosen erobert. Der Herzog

Der Herzog stellte 40 Tonnen Bronze für die Statue zur Verfügung.

191

musste die für das Standbild reservierte Bronze für neue Kanonen verwenden. Als die französischen Soldaten in die Stadt einmarschierten, benutzten sie das Tonmodell als Zielscheibe und zerstörten es.

Das letzte Abendmahl

Leonardo bekam den Auftrag, ein Bild auf eine Kirchenwand zu malen. Es sollte darstellen, wie Jesus das letzte Mal mit seinen *Jüngern* zu Abend gegessen hat. Das Bild heißt „Das letzte Abendmahl".

Nachdem Leonardo viele Skizzen gemacht hatte, begannen er und seine Schüler mit dem Wandgemälde.

Ein Augenzeuge berichtete, dass Leonardo oft schon sehr früh in die Kirche ging und dort sofort mit dem Malen begann. Dann malte er ohne Pause von morgens bis abends. Manchmal blieb er der Arbeit

Jünger sind Menschen, die einem Meister folgen und von ihm lernen wollen.

aber auch mehrere Tage fern, weil er an dem Reiterdenkmal weiterarbeitete.

Häufig stand er mit verschränkten Armen vor dem Wandbild und betrachtete es. Einmal rannte er durch die ganze Kirche, kletterte die Leiter hinauf, malte schnell ein, zwei Striche und ging wieder.

Aber es gab ein großes Problem. Leonardos Methode, das Bild zu versiegeln, funktionierte nicht. Die Kirche war feucht und die Farben blätterten ab und verblassten mit der Zeit.

Leonardo hatte sich in Mailand viele Gesichter von Menschen angesehen, um die besten Modelle für Jesus und seine Jünger zu finden.

Im Laufe der Jahre wurde das Bild stark beschädigt. Die Kirche stand einige Male unter Wasser, für kurze Zeit wurde sie sogar als Stall benutzt! Genau in der Mitte des Bildes wurde eine Tür in die Wand gebrochen und im Zweiten Weltkrieg wäre die Kirche bei einem Bombenangriff um ein Haar völlig zerstört worden.

Experten haben immer wieder versucht, das Gemälde zu restaurieren. Die letzte Restaurierung nahm 20 Jahre in Anspruch. Doch viele Leute sagen, die neuen Farben seien zu grell und die Gesichter hätten einen anderen Ausdruck.

Leider werden wir Leonardos Meisterwerk nie wieder so zu Gesicht bekommen, wie es ursprünglich einmal war.

Drei Jahre malte Leonardo an
seinem Bild Das letzte Abendmahl.
Dies hier ist eine Kopie des Originals.

Mona Lisa

Die *Mona Lisa* ist wahrscheinlich das berühmteste Gemälde der Welt. Experten sagen, die Mona Lisa sei eine junge Frau gewesen, die mit einem reichen Mann verheiratet war. Dieser habe Leonardo beauftragt, seine Frau zu porträtieren.

Es gibt eine Geschichte, dass Leonardo Sänger und Musikanten engagiert hat, um sein Modell Mona Lisa während des Malens bei Laune zu halten.

Leonardo begann die Arbeit im Jahr 1503 und arbeitete mehr als drei Jahre am Porträt der Mona Lisa. Als das Gemälde endlich fertig war, wollte er es nicht mehr hergeben. Selbst als er 16 Jahre später starb, befand sich das Bild noch in seinem Besitz.

Heute fragen wir uns, ob die Mona Lisa lächelt. Und wenn, wem lächelt sie zu?

Um ihr das rätselhafte Lächeln ins Gesicht zu zaubern, trug Leonardo die Farben um die Augen und den Mund ganz fein auf. Wissenschaftler haben heraus-

Mona Lisas Nachname war Giocondo.
Manchmal nennt man das Bild
deshalb auch <u>La Gioconda</u>.

gefunden, dass er mehr als 40 hauch-
dünne Schichten übereinandergemalt hat.

Diese Technik nennt man *Sfumato*.

Leonardo hat sie erfunden.

<u>Technik</u> ist
eine Methode,
die man be-
nutzt, um ein
bestimmtes
Ergebnis zu
erreichen.

197

Sfumato ist italienisch und bedeutet „neblig" oder „verraucht". Bei dieser Maltechnik scheinen die Farben ineinanderzufließen, die Linien und Konturen sind nicht mehr so hart. Deshalb kann man auch nicht genau sagen, ob die Mona Lisa wirklich lächelt oder ob die Schatten um den Mund für diesen Effekt sorgen.

Als Leonardo starb, vermachte er seinem Schüler Salai das Bild, der es später dem französischen König verkaufte. Heute hängt die Mona Lisa im *Louvre* in Paris.

Die Anghiarischlacht

Die Stadt Florenz beauftragte Leonardo, eine Szene aus der Schlacht zwischen den Armeen von Mailand und Florenz zu malen. Leonardo sollte es auf eine Wand im Ratssaal des Palazzo Vecchio malen. Das Bild heißt *Die Anghiarischlacht*.

Der Palazzo Vecchio war das Rathaus.

Zwei Jahre lang zeichnete Leonardo Kampfszenen in sein Notizbuch. Seine Entwürfe wirken kraftvoll und brutal, sie zeigen die Grausamkeit des Krieges. Manche Wissenschaftler meinen, dass es Leonardos bestes Bild ist.

Leonardo verwendete Wachs als Untergrund, um die Farben an der Wand zu fixieren. Als er mit den Arbeiten begonnen hatte, gab es einen Wolkenbruch über Florenz. Das Gewitter tobte die ganze Nacht. Leonardo stellte Feuertonnen auf, um die Wände zu trocknen. Aber die Hitze ließ das Wachs schmelzen und das Gemälde wurde stark beschädigt. Leonardo brach die Arbeit ab.

Viele Jahre später wurde die Wand von einem anderen Künstler übermalt. Alles, was wir heute über das Gemälde der Anghiarischlacht wissen, verdanken wir den großartigen Entwürfen Leonardos.

Mona Lisa gestohlen!

Am 21. August 1911 war Paris in heller Aufregung. Die Mona Lisa war verschwunden! Jemand hatte das Bild im Louvre einfach von der Wand genommen.

60 Detektive und Hunderte Polizisten durchkämmten das Museum. Eine Woche lang war der Louvre geschlossen, damit nach Spuren gesucht werden konnte.

Die Polizei befragte auch den Wachmann. Dieser gab zu, dass er den Raum kurz verlassen hatte, um eine Zigarette zu rauchen.

Trotz aller Anstrengungen blieb die Mona Lisa verschwunden. Man befürchtete, sie sei für immer verloren.

Zwei Jahre später tauchte das Bild in Florenz wieder auf, als der Dieb versuchte, es zu verkaufen. Seit diesem Tag wird die Mona Lisa Tag und Nacht bewacht und von einer dicken Glasscheibe geschützt.

6

Leonardos Zeitgenossen

Leonardo kannte viele berühmte Menschen seiner Zeit. Nicht nur Künstler, sondern auch Mathematiker, Architekten, Musiker, Politiker, Philosophen und Dichter. Sie hatten eines gemeinsam: Sie waren geprägt vom Geist der Renaissance, begeistert von neuen Ideen und Experimenten.

Leonardo schrieb, dass es wichtig sei, sich auch andere Meinungen anzuhören. Er traf sich oft mit Freunden, um mit ihnen zu diskutieren.

Während seiner Zeit in Mailand traf Leonardo den Mathematiker Luca Pacioli. Ein berühmter Mann, der Mathematikbücher schrieb und an der Universität lehrte. Leonardo und Luca wurden gute Freunde und zogen zusammen. Als die Franzosen in Mailand einmarschierten, flohen sie gemeinsam aus der Stadt.

Eine gute Freundin war auch Isabella d'Este. Sie kam aus einer adligen Familie und war sehr reich. Sie war eine der großen Frauen der Renaissance, hochgebildet und voller Wissensdurst, ganz anders als die meisten Frauen ihrer Zeit. Ihr Hauptinteresse galt der Kunst, die sie als Mäzenin sehr förderte. Wie Leonardo war auch Isabella eine begabte Erfinderin und Musikerin.

Leonardo machte eine Zeichnung von ihr, die man noch heute bestaunen kann.

Der Mensch, dem Leonardo wahrscheinlich am meisten verdankte, war Marcantonio della Torre. Er war ein junger Arzt,
der an der Universität von Pisa Medizin
unterrichtete. Als Leonardo mit seinen
anatomischen Studien begann, hörte er
Marcantonios Vorlesungen. Leider starb
Marcantonio im Alter von nur 29 Jahren.

Jetzt lernt ihr noch weitere
wichtige Menschen der
Renaissance kennen!

Leon Battista Alberti

Leon Battista Alberti war Baumeister, Dichter, Musiker, Philosoph, Bildhauer und Schriftsteller zugleich.

Als Leonardo nach Florenz kam, war er fasziniert von den Ideen des sehr viel älteren Gelehrten. Leon Battista Albertis Denken beeinflusste Leonardo stark, vor allem seine Einstellung zur Kunst. Alberti hatte ein Buch über Malerei geschrieben und forderte, dass alle Maler auch über Mathematik, Dichtung und Geschichte Bescheid wissen sollten.

Wie Leonardo war auch Alberti ein gro-ßer Tierfreund. Er trainierte Pferde und schrieb sogar ein Buch über seinen Lieblingshund. Alberti war sehr sportlich. Es heißt, er habe einmal einen Apfel bis zur höchsten Spitze des Doms geworfen. Das ist weiter, als ein Fußballplatz lang ist!

Michelangelo Buonarroti

Michelangelo war einer der größten Künstler der Welt. Er war Maler und Bildhauer, aber auch ein begabter Architekt. Seine berühmtesten Werke sind herrliche Statuen und die Bemalung der Decke in der Sixtinischen Kapelle in Rom.

Als er Leonardo traf, war Michelangelo ein junger Mann. Leonardo dagegen war schon um die 50 Jahre alt. Die beiden verstanden sich nicht besonders gut, denn Leonardo war stets höflich, Michelangelo dagegen aufbrausend und barsch. Es gibt viele Geschichten darüber, dass Michelangelo Leonardo immer wieder beleidigt hat.

Als Leonardo an dem Gemälde der Anghiarischlacht arbeitete, bemalte Michelangelo eine andere Wand des

gleichen Saales. Auch sein Bild wurde
nie vollendet. Er ging nach Rom, um
eine andere Arbeit zu beenden.

Donato Bramante

Donato Bramante war ein großartiger Maler und Architekt. Als er Leonardo das erste Mal traf, baute er gerade an einer Kirche in Mailand.

Begonnen hatte Bramante als Maler, aber schon bald galt seine Leidenschaft der Baukunst. Auf diesem Gebiet konnte er Leonardo vieles beibringen.

Bramante liebte auch die Musik, er spielte die Laute. Leonardo nannte den stets höflichen Künstler Donnino. Seine Freunde neckten ihn gerne, sie schrieben sogar ein lustiges Gedicht über seine Vorliebe für Birnen.

Bramante wurde vom Papst beauftragt, den Plan für den Petersdom in Rom anzufertigen, von dem viele Menschen überzeugt sind, er sei die schönste Kirche der Welt.

Raffael

Nach der Meinung vieler Kunstexperten waren Leonardo, Michelangelo und Raffael die drei größten Künstler der Renaissance. Raffael war der jüngste von ihnen.

Das Malen wurde Raffael schon in die Wiege gelegt. Sein Vater war Hofmaler, er brachte seinem Sohn die ersten Schritte des Malens und Zeichnens bei. Der Junge war ein Naturtalent und lernte schnell.

In seiner Jugend war Raffael bereits so gut, dass man ihn Meister nannte. Jeder mochte den ehrlichen und freundlichen Jungen.

Raffael war von den Werken Leonardos und Michelangelos stark beeinflusst. Während seines leider nur kurzen Lebens malte er unglaublich viele Bilder. Auf dem Gipfel seines Ruhms erkrankte er an einem schrecklichen Fieber und starb

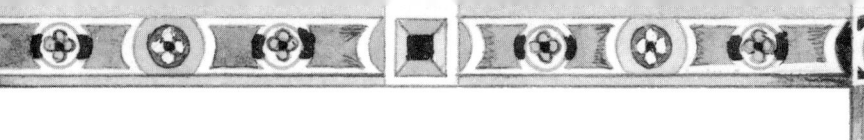

an seinem 37. Geburtstag in Rom. Tausende von Menschen nahmen an seinem Begräbnis teil. Sein letztes Gemälde legte man unter seinen Kopf in den Sarg.

7

Tod eines Genies

Leonardo wurde für damalige Verhält-
nisse sehr alt. Doch mit den Jahren
schwand seine Gesundheit immer mehr
und er konnte seine rechte Hand nicht
mehr bewegen. Als der französische
König Franz I. ihn einlud, nach Frankreich zu kommen, sagte Leonardo zu.

Der König überließ ihm ein Landhaus
in der Nähe des Schlosses. Dort spra-
chen die beiden stundenlang miteinander über Kunst und Wissenschaft.

In den letzten drei Jahren seines Lebens ordnete Leonardo seine Aufzeichnungen. Er starb 1519 im Alter von 67 Jahren.
Leonardo wurde in der Kathedrale von Saint-Florentin in Frankreich beigesetzt. 1802 wurde die Kathedrale zerstört, die Grabsteine wurden zum Bau eines Herrenhauses in der Nähe benutzt. Wo Leonardos Gebeine heute ruhen, weiß man nicht.

Leonardos Notizbücher

Leonardo hinterließ seinen Freunden einige Bücher und Bilder. Alle seine Manuskripte und die Notizbücher gingen an seinen Freund und Lieblingsschüler Francesco Melzi. Nach dessen Tod verschwanden viele Seiten aus den Notizbüchern, sie wurden verkauft oder gestohlen. Das Interesse für die Notizen des genialen Künstlers war riesengroß.

Noch 1966 wurden zwei Notizbücher in der spanischen Nationalbibliothek gefunden.

Leonardos Erbe

Nach seinem Tod blieb Leonardo für
viele Jahre nur als Maler in Erinnerung,
alle anderen großartigen Werke gerieten in
Vergessenheit. Es dauerte fast 400 Jahre,
bis man endlich mit gründlichen Untersuchungen seines Schaffens beginnen
konnte.

Jetzt erkannte man, welches Universal-
genie Leonardo wirklich gewesen war.
Man lernte seine Erfindungen zu schätzen,
man las seine Schriften über Natur, Kunst
und Architektur. Es stellte sich heraus,
dass viele seiner Ideen richtig waren!

Heute begeistern Leonardos Werke unzählige Menschen, egal wie alt sie sind. Er
wäre bestimmt glücklich, wenn er wüsste,
dass jedes Jahr Millionen von Menschen
in den Louvre kommen, um sein Lieblingsbild, die *Mona Lisa*, zu bewundern.

Der französische König Franz I. sagte, es habe keinen anderen Menschen auf der Welt gegeben, der so viel wusste

wie Leonardo da Vinci. Viele Menschen glauben, dass es nie wieder jemanden geben wird wie ihn.

Register

Bildnachweis

Mary Pope Osborne und **Natalie Pope Boyce** sind Schwestern. Schon als Kinder lernten sie viele Länder kennen. Mary lebt heute in New York und Connecticut, Natalie in Massachusetts. Mary hat bereits mehr als 50 Kinderbücher geschrieben. Mit Natalie hat sie schon bei mehreren Forscherhandbüchern zusammengearbeitet.

Zu ihrer gemeinsamen Arbeit am *Forscherhandbuch Leonardo da Vinci* meinten die Autorinnen: „Bei unseren Recherchen haben wir festgestellt, dass Leonardo keine gute Schulbildung hatte. Alles, was er wusste, hat er aus Büchern, aus Gesprächen mit anderen Menschen und aus Beobachtungen gelernt. Als Leonardo ein junger Mann war, liebte er die Natur und machte oft Skizzen seiner Umgebung. Als er älter wurde, lernte er einfach weiter: Er lernte sein ganzes Leben lang.

Vielleicht können wir das von ihm lernen: Die Welt um uns herum ist der beste Lehrer. Oder mit Leonardos Worten: ‚Halte die Augen offen, beobachte aufmerksam, was um dich herum passiert!‘ Das gilt auch für euch: Haltet die Augen offen, schreibt auf, was ihr seht, und hört nie auf zu lernen!"

Das magische Baumhaus

Band 30

Band 31

Band 32

Band 33

Band 34

Band 35

Jeder Band ein Abenteuer!

Band 36   Band 37   Band 38

Das magische Baumhaus

978-3-7855-4523-2

978-3-7855-4956-8

978-3-7855-5032-8

978-3-7855-5385-5

978-3-7855-5386-2

978-3-7855-5576-7

978-3-7855-5577-4

978-3-7855-5892-8

978-3-7855-6058-7

978-3-7855-6145-4

978-3-7855-6197-3

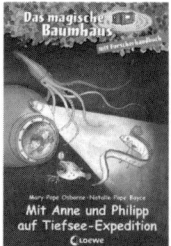

978-3-7855-6756-2